Serie de Ministerios Collegeville

D0947396

EL MINISTERIO
DE LOS LECTORES

Segunda edición

James A. Wallace, C.Ss.R.

Traducido por
S. Renée Domeier, O.S.B.

℞

LITURGICAL PRESS
Collegeville, Minnesota

www.litpress.org

Título original *The Ministry of Lectors,* Second Edition, © 1981, 2004.

Diseño por Joachim Rhoades, O.S.B., y Ann Blattner.

Las citas bíblicas en español son tomadas de *La Biblia Nuestro Pueblo,* II Edición © 2006, Ediciónes Mensajero, S.A.U., 48080 Bilbao España.

El Bendicional, Primera edición mexicana, 2000, © reservados a favor de OBRA NACIONAL DE LA BUENA PRENSA, A.C. Apartado M-2181. 06000 México.

Las citas de las lecturas dominicales en español son tomadas del *Leccionario I, II, y III,* Conferencia Episcopal Mexicana: Comisión Episcopal de Pastoral Litúrgica, Derechos © reservados a favor de OBRA NACIONAL DE LA BUENA PRENSA, A.C. Apartado M-2181. 06000 México, D.F. Orozco y Berra 180. Sta. María la Ribera y son usadas con las debidas licencias de los dueños de los derechos de reproducción. Todos los derechos reservados. Ninguna parte del *Leccionario I, II, y III,* puede ser reproducida de ninguna manera sin antes obtener permiso por escrito de parte de los dueños de los derechos de reproducción.

1	2	3	4	5	6	7	8

Library of Congress Cataloging-in-Publication Data

Wallace, James A., 1944–
    [Ministry of lectors. Spanish]
    El ministerio de los lectores / James A. Wallace ; traducido por S. Renee Domeier. — 2. ed.
      p. cm. — (Serie de ministerios Collegeville)
    Includes bibliographical references.
    ISBN-13: 978-0-8146-3074-7 (alk. paper)
    ISBN-10: 0-8146-3074-X (alk. paper)
    1. Lay readers.   I. Title.   II. Series.
BV677.W3518 2006
264'.34—dc22

           2006002035

Para los lectores de la parroquia de la Sagrada Trinidad,
Georgetown, Washington, D.C.,
en gratitud por su servicio
al Pueblo de Dios.

Indice

Introducción   vii

Primera Parte: El Lector—¿Qué hay en un nombre?   1

Segunda Parte: La Palabra de Dios que nos habla   7

La Palabra de Dios y la Biblia   9

La Palabra de Dios y la Liturgia   11

La Palabra de Dios y el Leccionario   13

La Palabra de Dios y el Lector   17

Tercera Parte: La Palabra de Dios proclamada por nosotros   20

La preparación espiritual   20

Preparándose para hablar   26

Los requisitos del texto   29

Los requisitos del oyente   46

Los requisitos del espacio   61

Desde la habilidad hacia el arte: Cuatro sugerencias   69

Una Palabra Final   71

Notas/Referencias   73

Recursos Anotados   75

Introducción

El teólogo C. S. Lewis ha dicho que nosotros leemos para no sentirnos solos. La lectura nos lleva a mundos verdaderos e imaginarios, nos presenta a gente sabia y tonta, y nos provee conocimiento y sabiduría. La lectura nos presenta otras voces con distintas perspectivas. La novelista americana Eudora Welty escribió que desde niña, cuando fue introducida al mundo de los libros, sabía que, bien leyera su mamá o bien leyera ella, la voz que oía no le pertenecía ni a su mamá ni a ella sino al texto mismo. Este es un analisis muy interesante. Cada texto tiene una voz—a veces, más de una—que nos habla y, cuando le leemos a otros, habla por medio de nosotros. Un buen libro empieza sólo como tinta oscura en una página, pero termina como un compañero con quien hemos pasado horas y horas, y cuya voz puede tener un impacto perdurable en nuestras vidas. Además, hay libros o citas de algún libro maravilloso a los cuales regresamos una y otra vez para saborear, gozar, o encontrar consuelo y ayuda, en tiempo de aflicción y dolor.

La Biblia es ese tipo de libro. En realidad, es una colección de libros; algunos han existido desde hace más de tres mil años. Nos trae historias de comienzos y visiones de desenlaces, historias de linajes ancestrales y cuentos de familias reales en donde los hombres y mujeres prefirieron escuchar la voz de Dios más que el mandato de sus propios deseos. Dentro de las páginas de la Biblia, hay retazos de sabiduría en forma pareada, expresiones proféticas en forma de poesía, cartas de instrucción o consejo, homilías de una profundidad teológica y de interés emotivo, oraciones de añoranza o de lamento, y canciones de alabanza y júbilo.

Desde las páginas de la Biblia, se han hecho selecciones para el culto de muchas comunidades de fe cristiana que se han recogidas en un libro llamado el *Leccionario para la Misa,* que usan los católicos. Cuando se reúnen estas comunidades, i.e., los domingos o para celebrar otros actos de culto y alabanza, se invita a los participantes expertos en esta obra a leer los textos sagrados. Se les designa como "lectores," término que viene de *legere* en el latín y significa "leer."

Este libro para lectores está divido en tres partes. La primera trata sobre las tres distintas maneras de entender el papel del lector: como tarea, servicio y vocación. La segunda refleja el misterio de la Palabra de Dios que nos habla en las Sagradas Escrituras. No importa que la comunidad lea de una Biblia o lea del Leccionario, la Palabra de Dios, una vez más, viene a quedarse entre nosotros; viene a morar en nuestros corazones y en nuestras mentes para que dé fruto en nuestras vidas. Dios continúa hablándonos a través de las palabras humanas. Como en el pasado, Dios llama a hombres y a mujeres para que le ayuden a revelarse en nuestro tiempo. La tercera parte se centra en la posibilidad de cumplir la voluntad de Dios de hablar no sólo a nosotros sino a través de nosotros. Nuestro enfoque es prácticamente doble: a) la preparación espiritual y b) la preparación para comunicar esa Palabra. Del primero surge un proceso que permite abrir la mente y el corazón a la Palabra; el segundo trata sobre los requisitos para que la lectura pública pueda satisfacer las necesidades del texto, de los oyentes y del escenario litúrgico. Se concluye con tres sugerencias para el continuo desarrollo del lector.

Tanto el espíritu como la carne se incluyen en la preparación del lector. El espíritu del lector tiene que someterse al Espíritu del Señor quien verdaderamente nos da la Palabra. El Espíritu Santo se encuentra en lo más profundo de la Palabra cuando da fruto: ". . . se requiere la acción del Espíritu Santo, por cuya inspiración y ayuda, la palabra de Dios se convierte en el fundamento de la acción litúrgica . . . [El] Spiritu Santo no sólo precede, acompaña y sigue a toda acción litúrgica, sino que también sugiere al corazón de cada uno . . ." (Proemio Leccionario, p. xvi). Como fue en un principio, el Espíritu Santo continúa descendiendo sobre los llamados a servir y actúa en ellos. Así que, el cuerpo del lector—que incluye la persona entera: la mente, la imaginación, los sentidos así como las expresiones faciales y las reacciones musculares—se le invita a someterse al texto sagrado y encarnar sus pensamientos y sentimientos lo más fiel y completamente posible.

Agradezco a los muchos lectores con quienes he trabajado y celebrado la liturgia estos últimos treinta y tres años, en especial a los lectores que sirven tan bien al pueblo de la parroquia de la Sagrada Trinidad en Georgetown, Washington, D.C. Su amor a la Palabra de Dios ha sido una inspiración; su proclamación apasionada de esa Palabra ha resultado en nuevas y fructíferas maneras de escucharla. Que la Palabra que han sembrado—con acierto—en las vidas de otros continúe produciendo una rica cosecha. Agradezco especialmente la colaboración y sugerencias de colegas y amigos que leyeron este texto: Margaret Costello, Judith Gilbert, Mary Johnston, Patrick Towell, y en especial, Daniel Grigassy, O.F.M.

James A. Wallace, C.Ss.R.

1 de agosto, 2003. Fiesta de San Alfonso de Liguori

PRIMERA PARTE

El Lector—
¿Qué hay en un nombre?

E sta obra ha sido escrita para todos los que leen los textos bíblicos durante la Liturgia de la Palabra, incluyendo a los que proclaman el Evangelio. Está ofrecida a los que han participado por mucho tiempo, los que están listos para empezar este compromiso, y aun para los interesados en comprometerse a la vida litúrgica de la comunidad y que quieren saber de lo que trata. Como en muchos otros asuntos de nuestras vidas, hay varias maneras de pensar y acercarnos al papel del lector en la liturgia. Vamos a considerar tres modos, sin permitir que se excluyan el uno otro:

1. Un trabajo

Es posible reaccionar a la palabra *trabajo* como si fuera demasiado ordinaria, mundana o de poco valor en relación a este oficio; aun, es posible juzgarla como si estuviera socavando el respeto que debe llenar nuestra actitud frente a esta tarea tan importante. Yo propongo que no es irrespetuoso reconocer que la lectura pública de las Sagradas Escrituras es *un trabajo;* es un servicio que necesita ser cumplido con capacidad y habilidad para que el culto de la comunidad pueda realizarse. La Liturgia, al pie de la letra, significa el *trabajo* del pueblo—del griego *leitos* (gente) y *ergon* (trabajo). Dentro del contexto de la comunidad de fe que se reúne para hacer su tarea más importante—es decir, la celebración de la Eucaristía como acto de alabanza al Padre, por Jesús y en el poder del Espíritu Santo—la lectura de las Escrituras es labor de amor. Exige no solamente el conocimiento sino ciertas habilidades para que se haga la tarea de una manera convincente a todos. De modo que, al principio, les invito a pensar en el papel del lector como un trabajo. Y como dicen, "Alguien tiene que hacerlo." A menos que la Liturgia de la Palabra sea bien hecha, no habrá una buena base para lo que sigue en la Liturgia del Sacramento.

La reforma de la liturgia católica, en especial, de la Liturgia de la Eucaristía, reveló las distintas tareas incluidas cuando la comunidad se reúne para la liturgia. Hay que cubrir ciertos roles distintos: el que preside la asamblea, el diácono, el monaguillo o acólito, el lector, el cantor, el coro, el ministro de hospitalidad y el ministro de la Eucaristía. El papel del lector es proclamar la lectura de los textos bíblicos durante la Liturgia de la Palabra. Para ser efectivo como lector, una persona tiene que estar preparada. Esta preparación incluye el estudio, la oración y la práctica. Un lector recibe la tarea de acercarse respetuosamente a esa complicada colección de literatura que llamamos las Sagradas Escrituras, las que San Agustín una vez describió como libros de "una dificultad montañosa y envueltos en misterio." Además, aunque sea posible que cualquier persona pueda leer, sugiero que no todos pueden ser lectores—por lo menos, al principio. Para darse cuenta de la necesidad de la preparación, sólo tiene que ir a una liturgia donde han escogido de la asamblea a alguien para leer, por ejemplo: en una boda o un funeral cuando un miembro de la familia es elegido para leer simplemente por el hecho de que es miembro de la familia. Muchas veces, resulta una lectura bien difícil de entender u oír, ya que se realiza en forma titubeante o precipitada.

Al decir esto, no quiero ser parte de una élite o minoría selecta. San Isidoro de Sevilla, un doctor de la Iglesia, escribió que un lector "debe ser bien instruido en la doctrina, en los libros, y además, completamente adornado con el conocimiento y la significancia de las palabras" para que la lectura "conmueva las mentes y los sentimientos" de los oyentes. A menos que las lecturas sean bien hechas, la gente no va a oír la voz de Dios que habla por los textos ni ser nutrida en la mesa de la Palabra. En fin, la tarea del lector es esencial y no se puede asumir que todos tienen el don para leer. "Existen diferentes dones espirituales, . . ." recordó San Pablo a los corintios (1 Cor 12:4). Nosotros podríamos añadir a la lista de dones que San Pablo menciona en esa carta, los que son importantes para el culto de la comunidad: el presidir, el predicar, el servir, el cantar y especialmente, al considerar su importancia al principio de cada liturgia—el proclamar las Sagradas Escrituras. Todos son dones ofrecidos por el bien del Cuerpo de Cristo, la Iglesia. Con esto, llegamos a comprender la segunda tarea del lector.

2. *Un servicio*

El oficio del lector es también un servicio. La palabra *servicio*, también del latín, quiere decir *servir* y ofrece otra perspectiva sobre el papel del lector: es un tipo de servicio a la comunidad. La *Institución General del Misal Romano* observa: "La proclamación de las lecturas, según la tradición, no es un oficio presidencial, sino ministerial. Por consiguiente las lecturas son proclamadas por un lector . . ." (59).[1] Parece que esto significa que el papel del lector no pertenece a la persona que preside sino a otros que han sido llamados a servir de esta manera especial. Los servicios del lector y acólito fueron restaurados por el Papa Pablo VI en la carta apostólica, *Ministeria quaedam,* en 1972. En esta carta, el Papa Pablo escribió que estos servicios "pueden ser encargados al laico cristiano; en consecuencia, ya no están reservados a los candidatos que van a recibir los sacramentos de las órdenes sagradas" (6). La introducción al *Leccionario para la Misa* (de ahora en adelante, LMIn) comenta sobre la importancia de este servicio: "La Iglesia crece y se construye al escuchar la palabra de Dios . . ." (7). Las lecturas dentro de la liturgia sirven para nutrir y sostener el Cuerpo de Cristo. En el rito formal de la institución de los lectores, el obispo le da la Biblia a cada candidato y le dice: "Recibe el libro de la Sagrada Escritura y transmite fielmente la Palabra de Dios, para que sea cada día más viva y eficaz en los corazones del pueblo de Dios."

Aunque el rito del establecimiento del lector está limitado a los hombres, le sería beneficioso a todos los lectores el meditar las palabras sugeridas por el obispo en la homilía que da para esta ocasión:

> Dios, nuestro Padre, reveló y realizó su designio de salvar al mundo por medio de su Hijo hecho hombre, Jesucristo, el Señor,

quien después de anunciarnos todo lo que el Padre le había dado
a conocer, confió a su Iglesia la misión de predicar el Evangelio
a toda criatura.

Ustedes, al quedar constituidos lectores, es decir, heraldos de
la Palabra de Dios, van a prestar una valiosa ayuda en esta misión confiada a la Iglesia. Por eso, ahora se les va a encomendar
en el seno del pueblo de Dios un oficio especial al servicio de
la fe, la cual tiene su raíz y fundamento en la Palabra divina.
Así pues, su misión consistirá en proclamar la Palabra de Dios
en las celebraciones litúrgicas . . . De esta manera, con la ayuda
del ministerio de ustedes, todos los hombres podrán llegar a conocer a Dios Padre y a su Hijo Jesucristo, su enviado, y alcanzar
así la vida eterna.[2]

El servicio del lector continúa la misión de predicar la Palabra
por la proclamación de ella en la asamblea litúrgica. Los lectores
cumplen esto "en el servicio de la fe." Las palabras de San Pablo
a los romanos sobre la importancia de predicar pueden referirse
también a los lectores: "Pero, ¿cómo lo invocarán si no han creído
en él? ¿Cómo creerán si no han oído hablar de él? ¿Como oirán si
nadie les anuncia? . . . La fe nace de la predicación; y lo que se
proclama es el mensaje de Cristo" (Rom 10:14, 17).

La tercera edición de la *Institución General del Misal Romano*
da una idea general de las responsabilidades de este servicio:

Ritos iniciales

194. Cuando se dirigen al altar y no hay diácono, el lector puede
llevar el Evangeliario: en esta ocasión camina delante del sacerdote; en los demás casos, va con los otros ministros.

195. Cuando llegan al altar, junto con los demás, hace una in-
clinación profunda. Si lleva el Evangeliario, se acerca al altar, y
coloca encima de él el Evangeliario. Luego pasa a ocupar su sitio
en el presbiterio con los demás ministros.

Liturgia de la Palabra

196. Proclama desde el ambón las lecturas que preceden al Evangelio. Cuando no hay cantor o salmista, puede decir el salmo
responsorial que sigue a la primera lectura.

197. Después de que el sacerdote, si no hay diácono, ha hecho la invitación a orar, el lector puede enunciar desde el ambón las intenciones para la oración universal.

198. Cuando no hay canto de entrada o durante la comunión, y los fieles no recitan las antífonas indicadas en el misal, el lector pronuncia dichas antífonas a su debido tiempo.

3. *Una vocación*

La llamada universal a la santidad y a ser testigo de Cristo en el mundo se cumple de una manera distinta en cada uno de nosotros. Se puede encontrar una expresión de esta llamada universal en el servicio del lector. Aunque por el bautismo y la confirmación en el Espíritu Santo, todos nosotros estamos llamados a ser mensajeros de la Palabra de Dios y todos nosotros somos portadores de esa Palabra en la Iglesia igual que en el mundo, sin embargo, los lectores realizan esta tarea de una manera única debido a que entablan una relación íntima con los textos sagrados que son centrales al culto de la comunidad. Los lectores reciben el llamado para establecer una relación íntima con Dios específicamente por medio de las palabras de la Escritura, que es una herencia preciosa que ha sido preservada y transmitida de generación en generación. Acercarnos a nuestro Dios que nos habla por las Escrituras es una invitación que nos ofrece este papel como lector. Pongan atención una vez más al rito de la institución y a las palabras que lo concluyen:

> Cuando proclamen la Palabra sean ustedes mismos dóciles oyentes de ella, conservándola en sus corazones y llevándola a la practica guiados por el Espíritu Santo, acójanla en su corazón con sinceridad y medítenla con diligencia, para que de día en día vaya creciendo en ustedes un suave y vivo amor por ella. Así la vida de cada uno de ustedes será una manifestación clara de Jesucristo, nuestro Salvador (397, Bendicional).

Como Dios llamó a Moisés desde el arbusto encendido, así Dios los llama a Uds. desde las Sagradas Escrituras: "Vengan, acérquense más íntimamente. Encuéntrenme en mi palabra." Como Dios había llamado a María para encarnar la divina Palabra, así Dios llama a cada lector para que permita, una vez más, que la Palabra se encarne en su seno. Dios espera su respuesta: "Que se haga en mí lo que has dicho."

RECUERDEN QUE

- Para ser un lector efectivo hay que prepararse por medio del estudio, la oración y la práctica.

- A menos que las lecturas sean bien hechas, la gente no va a escuchar la voz de Dios quien habla por estos textos ni se va a nutrir en la mesa de la Palabra.

- El papel del lector continúa la misión de predicar la Palabra por medio de la proclamación de ella dentro de la asamblea litúrgica.

- Los lectores están llamados a una relación íntima con Dios específicamente a través de las palabras de las Sagradas Escrituras; esta herencia atesorada ha sido preservada y transmitida de generación en generación por miles de años.

SEGUNDA PARTE

La Palabra de Dios
que nos habla

A l terminar cada lectura, el lector dice: "Palabra de Dios," y la gente responde: "Te alabamos Señor." Estas dos frases se convierten fácilmente en rutina. Pero, piensen un momento de lo que le dicen a la gente cuando pronuncian esta proclamación de sólo tres palabras: "Palabra de Dios." Creemos que cuando leemos estos fragmentos de los antiguos textox, seleccionados de la Biblia para la liturgia, "Dios habla a su pueblo: Cristo sigue anunciando el Evangelio" (*Constitución sobre la Sagrada Liturgia*, 33).[3] Dios ha elegido utilizar el lenguaje humano como una forma para comunicarse con nosotros.

Hay que recordar que las palabras son creaciones humanas con cualidades típicas de los seres humanos, incluso el poder de dar vida y luz, ambigüedad y confusión, aun dolor profundo y muerte. Semejantes a sus creadores humanos, las palabras pueden ser malentendidas y malinterpretadas al igual que pueden consolar y confortar. Una vez escribió la poeta Ann Sexton que las palabras son "margaritas y cardos."[4] Pueden caer sobre la mente y el corazón como agua sobre la tierra seca o pueden penetrar el espíritu como "[una] espada de dos filos; penetra hasta la separación del alma y espíritu, articulaciones y médula, y discierne sentimientos y pensamientos del carazón" (Heb 4:12). Cómo funcionan y cómo alcanzan su objetivo es cuestión de los que las manejen. Sabemos el poder de palabras sencillas como "Te quiero" y "Puedes contar conmigo" tanto como el peso de frases tan concisas como "Está terminado" y "Ella se fue." En el mejor de los casos, las palabras echan raíces y nos incitan, como individuos y como comunidades, a acercarnos el uno al otro en el amor, la justicia y la paz, y a acercarnos a Dios con una fe, esperanza y confianza incansable.

Las palabras son básicas para dar forma a la comunicación y a la comunidad, las cuales tienen que ver con la comunión, con el reunirse en la unidad. Cuando nos comunicamos el uno con el otro, tratamos de entrar en una reunión de mentes y de corazones. Eso no significa que habrá comunión inmediata con el otro, pero, finalmente, esa es la meta de toda comunicación. De vez en cuando la comunicación sólo nos lleva a un entendimiento mutuo; sabemos lo que está diciendo el otro, aunque no estemos de acuerdo. Pero la disciplina antigua de la retórica tenía como su propósito el persuadir a los oyentes, el efectuar un entendimiento común y un propósito común entre los oyentes, el formar una comunidad de actitudes, valores y acciones compartidas y dedicadas al bienestar de todos.

Uno de los personajes en el drama, *The Real Thing*,[5] escrito por el dramaturgo Tom Stoppard, dice que mientras los escritores no son necesariamente sagrados, *las palabras sí lo son.* Así, las palabras merecen respeto porque, cuando un escritor usa las palabras correctas, es posible que inspire la paz en el mundo o quizás crea un poema que los niños van a recordar por muchos años. Las palabras de las Escrituras son palabras sagradas para los que creen y aun pueden invocar creencia en los que no creen. Escribe San Pablo que "la fe nace de una predicación, y lo que se proclama es el mensaje de Cristo" (Rom 10:17). Y la misión de Cristo, la Palabra de Dios, fue resumida, la noche antes de su muerte cuando Jesús rezó: "No sólo ruego por ellos, sino también por los que han de creer en mí por medio de sus palabras. Que todos sean uno, como tú, Padre, estás en mí y yo en ti; que también ellos sean uno en nosotros, para que el mundo crea que tú me enviaste" (Jn 17:20-21).

La Palabra de Dios tiene una significancia particular en la tradición católica. La *Constitución sobre la Divina Revelación* del Vaticano II afirma: "La Sagrada Tradición, pues, y la Sagrada Escritura constituyen un solo depósito sagrado de la palabra de Dios, confiado a la Iglesia" (10). Para los creyentes bautizados en la Iglesia Católica, la Palabra de Dios se encuentra en la Sagrada Escritura "ya que la Sagrada Escritura es la palabra de Dios en cuanto se consigna por escrito bajo la inspiración del Espíritu Santo" (9) y en la tradición transmitida oralmente a través de la predicación y la enseñanza de la Iglesia. "Dios, que habló en otro tiempo, habla sin intermisión con la Esposa de su amado hijo; y el Espíritu Santo, por quien la voz del Evangelio resuena viva en la Iglesia, y por ella en el mundo entero, va induciendo a los creyentes en la verdad entera, y hace que la palabra de Cristo habite en ellos abundantemente" (vea. Col 3:16) (8). Es la Palabra de Dios que se encuentra en la Sagrada Escritura el asunto de este estudio.

La Palabra de Dios y la Biblia

La Biblia es testigo del poder y del propósito de la Palabra de Dios. El poder de la Palabra de Dios se revela en la creación y en la redención. Al principio de la Biblia, tenemos el testimonio del poder de la Palabra en el momento de la creación, cuando el autor de Génesis escribe: "Dijo Dios: Que exista la luz. Y la luz existió" (Gen 1:3). Una y otra vez en el primer capítulo escuchamos: "Dijo Dios. . . ." seguido por "Y así sucedió." El poder de la Palabra de Dios se revela, en primer lugar, como una palabra creativa que llama a las riquezas de nuestro mundo desde un desierto sin forma. La Palabra de Dios se revela como una palabra que forma y diseña, contiene y extiende, divide y diversifica. Es esta palabra creativa que también convoca a un pueblo. "Y ahora, así dice el Señor, el que te creó, Jacob; el que te formó, Israel . . ." (Is 43:1a), y luego continúa recordando al pueblo del poder de Dios al redimirlos:

> No temas, que te he redimido,
> te he llamado por tu nombre, tú eres mío.
> Cuando cruces las aguas yo estaré contigo
> no te [arrastrará]; la corriente.
> Cuando pases por el fuego, no te quemarás
> la llama, no te abrasara.
> Porque yo soy el Señor, tu Dios,
> el Santo de Israel, tu Salvador (Is 43:1b-3a).

Pero aunque la Palabra de Dios es activa e iniciadora, enviada con un propósito, también espera una respuesta:

> Como bajan la lluvia y la nieve del cielo
> y no vuelven allá sino que empapan la tierra,
> la fecunda y la hacen germinar,
> para que dé semilla al sembrador y pan para comer;
> así será mi palabra, que sale de mi boca:
> no volverá a mí vacía, sino que hará mi voluntad
> y cumplirá mi encargo (Is 55:10-11).

En todo esto encontramos reflejado el entendimiento hebreo de la Palabra como un evento. Cuando Dios habla, algo sucede: la creación, la redención, la santificación. La Palabra de Dios es una palabra efectiva: realiza lo que promete.

En el Nuevo Testamento, sabemos que "Jesús fue a la provincia de Galilea y empezó a proclamar la Buena Nueva de Dios. Hablaba de esta forma: 'Se ha cumplido el tiempo y esta cerca el reino de Dios: arrepiéntanse y crean en la buena nueva'" (Mc 1:14-15). En las parábolas él enseñó sobre el poder de la Palabra usando la imagen del sembrador que sale a sembrar granos, y mientras no cayeron todas las semillas en buena tierra, la que sí cayó en tierra fértil, produjo una cosecha rica. Habló en imágenes de los granos de mostaza y de la oveja perdida, de los hijos rebeldes y de las mujeres que no llevaron bastante aceite para sus lámparas, de reyes que calcularon lo que necesitarían para una batalla, y de viudas que molestaban a los jueces hasta que hubiera justicia. Cuando el cuarto Evangelio fue escrito, Jesús mismo fue reconocido como "la Palabra [que] se hizo carne, y habitó entre nosotros" (Jn 1:14) y como el que dijo, "Las palabras que les he dicho son espíritu y vida" (Jn 6:63).

La Biblia misma testifica que la Palabra de Dios (la Sagrada Escritura) ayuda a entender la Palabra de Dios (Jesús). Cuando el Señor resucitado se le aparece a los discípulos en camino a Emaús, él se refiere a las Escrituras para ayudarlos a entender: "Y comenzando por Moisés y siguiendo por todos los profetas, les explicó lo que en toda la Escritura se refería a él" (Lc 24:27). Además, igual que el texto de Isaías que habla de lo fructuoso de la Palabra, Jesús en su gran discurso en el Evangelio de San

Juan, la noche antes de su muerte (Jn 13:31–17:26), lo repitió. Después de haberle dicho a los discípulos que él es la Vid verdadera; ellos las ramas; y su Padre, el viñador, que poda cada rama para que produzca fruto, luego continúa diciendo: "Ustedes ya están limpios por la palabra que les he anunciado" (Jn 15:3).

En la segunda carta a Timoteo escuchamos de la utilidad actual de la Palabra de Dios: "Toda Escritura es inspirada y útil para enseñar, argumentar, encaminar e instruir en al justicia. Con lo cual el hombre de Dios estará formado y capacitado para toda clase de obras buenas" (2 Tim 3:16-17). Así, la Biblia nos ofrece un retrato dinámico de la Palabra de Dios en varias actividades: creando, redimiendo, instruyendo, corrigiendo, animando, santificando y formando un pueblo de fe, de esperanza y de amor. ¿Acaso es de extrañar, entonces que, cuando llegó el momento de reformar la liturgia durante el Concilio Vaticano II, llegaron a ser sumamente importantes las Sagradas Escrituras?

La Palabra de Dios y la Liturgia

La lectura de las Escrituras durante el culto comunitario tiene sus raíces en el culto de la sinagoga judía, donde la primera lectura fue de el Torá, es decir, de los primeros cinco libros de la Biblia, seguida por una lectura de uno de los profetas, que sirvió como un comentario sobre la selección de el Torá. En San Lucas 4:16, Jesús entra en la sinagoga de Nazaret, el día del sábado; levantó el rollo de pergamino y empezó a leer el texto de Isaías 61:1: "El Espíritu del Señor está sobre mí porque el Señor me ha ungido. Me ha enviado para dar una buena noticia a los que sufren . . ." La comunidad cristiana guardó esta tradición de la lectura de las Sagradas Escrituras cuando se reunió para celebrar la Eucaristía. Una de las primeras descripciones de esas celebraciones dominicales es de San Justino mártir, que escribió, a mediados del segundo siglo: "El día que se llama domingo tenemos una asamblea de toda la comunidad que vive en las ciudades y en los distritos de alrededor, y leemos de las memorias de los apóstoles o de las escrituras de los profetas, tanto tiempo que hay. . ."[6] Continúa describiendo lo demás de la ceremonia incluso la predicación, las oraciones de los fieles, la presentación del pan y vino, una oración de gratitud y la recepción de los elementos eucarísticos. Desde el principio, la Palabra de Dios fue parte del culto de la comunidad.

Como niño creciendo durante los años 50, puedo recordar que alguien me dijo que, para satisfacer la obligación dominical de asistir a la misa, tendría que estar en la iglesia para la lectura del evangelio. (Otros recuerdan que la exigencia estaba presente al momento que se quitaba el velo del cáliz durante el Ofertorio de la misa.) En esa temporada, los católicos empezaron a atreverse a leer la Biblia, o por lo menos a tener un misal con traducciones de las lecturas que podrían leer en su lengua materna mientras el sacerdote las leía en latín. Pero, "ir a la misa" en aquel entonces era igual a estar presente "para las partes principales de la misa," como son el Ofertorio, la Consagración y la Comunión. No fue sino hasta la promulgación de la *Constitución sobre la Sagrada Liturgia* en 1963, cuando volvimos a entender la misa como una acción integrada y compuesta de dos partes, la Liturgia de la Palabra y la Liturgia de la Eucaristía, las cuales forman una única acción.

La *Constitución sobre la Sagrada Liturgia* proclama las variadas maneras en las cuales Cristo está presente durante las celebraciones litúrgicas: "Está presente en el sacrificio de la Misa sea en la persona del ministro, . . . y sea sobre todo bajo las especies eucaristicas. . . Está presente en su Palabra, pues cuando se lee en la Iglesia la Sagrada Escritura, es El quien habla. Está presente, por último, cuando la Iglesia suplica y canta salmos, el mismo que prometió: 'Donde están dos o tres congregados en mi nombre, allí estoy yo en medio de ellos'" (7). En la *Institución General del Misal Romano* se extendió este reconocimiento de la presencia de Cristo en la Palabra, observando que "en las lecturas, que luego desarrolla la homilía, Dios habla a su pueblo, le descubre el ministerio de la Redención y Salvación, le ofrece el alimento espiritual; y el mismo Cristo, por su Palabra, se hace presente en medio de los fieles" (33).

La imagen de la Palabra como una forma de alimento es pertinente especialmente porque invita a los católicos a que reconozcan la centralidad de la mesa de la Eucaristía: "La palabra de Dios y el ministerio eucaristico han sido honrados por la Iglesia con una misma veneracion . . . la Iglesia en una, se instruye más, y en la otra, se santifica más plenamente; pues en la palabra de Dios se anunica la alianza divina, y en la Eucaristía se renueva esa misma alianza nueva y eterna. En una, la historia de la salvación se recuerda con palabras; en la otra, la misma historia se expresa por medio de los signos sacramentales de la Liturgia" (LMIn, 10).

El reconocimiento, es decir, el "volver a conocer" la presencia de Cristo en la Palabra, ayudó a tomar la decisión de ofrecer a la comunidad de fe una revelación más grande de la Biblia. La *Constitución sobre la Sagrada Liturgia* declaró: "A fin de que la mesa de la palabra de Dios se prepare con más abundancia para los fieles ábranse con mayor amplitud los tesoros de la Biblia, de modo que, en un periodo determinado de años, se lean al pueblo las partes más significativas de la Sagrada Escritura" (51). Esta declaración tuvo su fruto en el *Leccionario de la Misa* con su oferta extendida de textos para los domingos, los días de semana, y las celebraciones litúrgicas especiales.

La Palabra de Dios y el Leccionario

Se define un leccionario como "un libro o una colección de lecturas de las Escrituras para el año eclesiástico."[7] El Leccionario no es lo mismo que la Biblia. Andrew D. Ciferni lo expresó muy bien al decir: "los leccionarios son creaciones de las iglesias. Las Escrituras están inspiradas; los leccionarios, no."[8] Los leccionarios se originaron en los siglos quinto y sexto. Las formas más antiguas contenían ordenadas listas de selecciones que serían proclamadas los domingos y las fiestas. Martin Connell escribe que durante la temporada en que todos los textos fueron escritos a mano, "había, en general, solamente un libro sagrado para cada comunidad que rendía culto, y que en los márgenes de ese libro había notas como 'Empiece aquí' o 'Termine aquí.'"[9] Los leccionarios organizados de una manera más sistemática— según el año litúrgico y con lecturas completas—empezaron a aparecer en el siglo trece. Pero fue en el Concilio tridentino (1545–1563) donde se produjo el Leccionario que iba a determi-

nar para los católicos una orientación hacia las Escrituras durante casi cuatro siglos. Las lecturas elegidas para el Misal del
Papa Pío V nos ayudan a apreciar aún más la riqueza y la variedad que tenemos ahora en el Leccionario revisado de 1969.

El Misal de Pío V tenía solamente un ciclo de lecturas para los
domingos. Cada año las mismas 120 lecturas de las Escrituras se
oían los domingos y días de guardar. De los cuarenta y seis libros
del Antiguo Testamento, había selecciones de sólo diez de éstos, y
ni una lectura de esos libros fue designada para los domingos. La
mayor parte de los católicos, como resultado, tenían solamente
un conocimiento mínimo del Antiguo Testamento, el cual provee
la base para cualquier entendimiento del Nuevo Testamento. Del
Nuevo Testamento, diecisiete de los veintisiete libros proveyeron
lecturas, pero no había ninguna del libro del Apocalipsis ni de
las ocho cartas más cortas. En cuanto a los Evangelios, los cuatro
fueron representados, pero la mayor parte de las lecturas estaban
tomadas de San Mateo (24) y San Lucas (21), seguido por San
Juan (17) y luego San Marcos (4).[10] Resultaba que—durante todo
el año—los católicos solamente oían cerca de 17% del Nuevo Testamento y, si asistían a la misa los días de la Epifanía, el Miércoles
de Ceniza, el Viernes Santo y la Vigilia de la Pascua, cerca de 1%
del Antiguo Testamento. En cuanto a los días feriales, o las dos
lecturas del domingo previo (una de las cartas del Nuevo Testamento y la otra de los Evangelios) se repetían durante las misas
diarias; o se celebraba una misa de exequías con sus propias lecturas, menos durante la Cuaresma y ciertas fiestas de los santos,
que también tenían sus lecturas propias.

La revisión del *Leccionario para la Misa* en 1969 fue, entonces, una de las mayores realizaciones litúrgicas del Vaticano II.
Ofreció una selección mucho más amplia de ambos testamen-
tos, el antiguo y el nuevo, proveyendo esa "preparación más
abundante" alrededor de la mesa de la Palabra como lo había
pedido la *Constitución sobre la Sagrada Liturgia*. Un ciclo para los
domingos y los días festivos, sobre una temporada de tres años,
ofrece tres lecturas: la primera del Antiguo Testamento (menos
durante la temporada de la Pascua cuando se leen los Hechos
de los Apóstoles); una segunda lectura de un apóstol (de una de
las cartas o del Libro del Apocalipsis, dependiendo del tiempo

litúrgico); y la tercera lectura es de uno de los evangelios (Mateo, Marcos y Lucas, cada uno ocupando un año durante el ciclo de los domingos del Tiempo Ordinario; y Juan durante los tiempos litúrgicos, especialmente la Cuaresma y la Pascua, y también varios domingos del Ciclo B. Además, el ciclo que cubre tres años de domingos permite que la mayor parte de todos los libros del Nuevo Testamento sean escuchados, menos la segunda y la tercera cartas de San Juan y la carta de Judas que aparecen, sin embargo, en las lecturas entre semanas. Las grandes fiestas del Señor, de María y de ciertos santos—Pedro y Pablo, Juan el Bautista—también tienen sus propias lecturas.

En cuanto a los leccionarios utilizados para la iglesias que hablan en español estan los 3 tomos:

    I - Leccionario Dominical (A B C)
        - Lecionario Ferial y de Tiempos Liturgicos Especiales
        - Lecturas Propias del Santoral
   II - Leccionario Ferial
  III - Propio de los Santos
        - Misas Comunes
        - Misas Rituales
        - Misas pro Diversas Necesidades
        - Misas Votivas
        - Misa de Difuntos
        - Lecturas de Antiguo Testamento
        - Lecturas del Nuevo Testamento
        - Salmos
        - Aclamacione
        - Nuevas Commemoraciones Litúrgicas[11]

Los lectores, en español, en general, van a trabajar con los primeros dos volúmenes que tratan de las celebraciones para los domingos (Vol. I) y las misas diarias (Vol. II y III). Sin embargo, es bueno conocer el tercer volumen y cómo está diseñado.

Dos principios gobiernan el orden de las lecturas para los domingos y para los días festivos: se llaman los principios de "armonía" y "lecturas no-continuas." El principio de armonía entra en juego durante el Tiempo Ordinario en la selección de la primera lectura que correlaciona o prefigura, de una manera u otra, el evangelio del día. Hay una armonía de otro tipo entre las tres lecturas elegidas para el tiempo de Adviento, Navidad, la Cuaresma y la Pascua, según el carácter de cada temporada: el Adviento con sus temas de la primera y segunda venidas del Señor; la Navidad que se enfoca en el misterio de la Encarnación; la Cuaresma con su énfasis sobre la iniciación cristiana, el arrepentimiento, la conversión y la historia de la salvación; y la Pascua con el relato de las apariciones del Señor resucitado, el testimonio y el desarrollo de la joven Iglesia, y el poner en práctica la fe pascual en el mundo de hoy. El principio de "lectura no-continua" gobierna los evangelios y las segundas lecturas de los domingos del Tiempo Ordinario, durante el cual se lee un libro completo, aunque no necesariamente se lean la totalidad de los capítulos y los versículos.

La estructura de la Liturgia de la Palabra para los domingos incluye la primera lectura, el salmo responsorial, la segunda lectura, el aleluya con su versículo y el evangelio. Hay un ritmo que la Liturgia de la Palabra exige para que toda la comunidad la oiga: escuchar la primera lectura, silencio, dar una respuesta durante el salmo responsorial; escuchar la segunda lectura, silencio, prepararse para el evangelio con el aleluya; escuchar el evangelio, predicar, silencio, participar en las oraciones de los fieles. En el mejor de los casos, hay una interacción entre la proclamación y el silencio, la palabra anunciada y la respuesta cantada. La Liturgia de la Palabra puede ser vista como una liturgia concelebrada con partes ejecutadas por el sacerdote (la homilía), el diácono (el evangelio), los lectores (la primera y la segunda lectura), el cantor (el salmo responsorial), y la comunidad que escucha, reflexiona, responde y canta. Además, la integridad de la Liturgia de la Palabra y la Liturgia de la Eucaristía se puede observar cuando la comunidad se conmueve al escuchar la Palabra de Dios en la Sagrada Escritura y la homilía—así empezando a reconocer la presencia continua y activa de Dios en sus vidas—al dar gracias por esa presencia compasiva en la oración de la Eucaristía, y luego comulgando en unión con el Señor y con los participantes de la comunidad.

El ciclo para los días feriales, durante dos años del Tiempo Ordinario, provee la lectura no-continua de dos textos: un ciclo de dos años para la primera lectura y un ciclo de un año para los Evangelios. Los tiempos de Adviento y de Navidad, de Cuaresma y de Pascua tienen su propio ciclo de lecturas feriales para cada año. También hay las lecturas asignadas para la celebración de los santos incluidos en el calendario universal, así como también para las misas que celebran una ocasión o una intención especial, y para las celebraciones litúrgicas de otros sacramentos.

Como resultado, las lecturas del conjunto de los tiempos litúrgicos nos comunican lo que Dios ha hecho por nosotros en Cristo, principalmente en los misterios salvíficos de la Encarnación y el misterio pascual, es decir, de la muerte y la resurrección de Cristo. Aunque se puede decir más sobre el leccionario, una palabra final sería el consejo de dedicar tiempo a familiarizarse con la estructura del leccionario. Debe empezar con el *Leccionario para la misa* dominical (Vol. I). Otra sugerencia sería leer la Introducción al Leccionario—que se encuentra en cada uno de los tres volúmenes—para entender más completamente la visión y los principios en que está basado.

La Palabra de Dios y el Lector

La Palabra de Dios, encontrada en la Biblia y organizada en el Leccionario, sostiene la vida espiritual de la comunidad cristiana a lo largo del año litúrgico. Esta palabra aparece como letra impresa en la página ofrecida al lector. Mientras decimos con fe, después de cada lectura, "Palabra de Dios" o "Palabra del Señor," la acción de leer permanece también como un acontecimiento de la comunicación humana. Entre el texto y la comunidad está el lector. Si el lector decide acercarse a la lectura como tarea, servicio, vocación, o las tres a la misma vez, el lector siempre tiene que comprometerse, y relacionarse como ser humano con los textos. "En el principio era la Palabra" declara el Evangelio según San Juan en su magnífico prólogo (1:1). Y esa verdad se proclama cada domingo. En el principio del culto se encuentra la palabra, esperando para ser leída y escuchada. Espera encarnarse—primero en el lector, luego en la comunidad. Para ser una Palabra viviente, tiene que ser encarnada en la oración y en la acción. Y eso nos dirige a comentar sobre el servicio del lector.

La Sagrada Escritura tiene que ser comunicada como una palabra de vida, una palabra de suma importancia que le permite a Dios acercarse y tocar los corazones, comunicarse con nuestras almas, para transformarnos por completo y poder ser hijos e hijas de Dios. Para que esto ocurra los lectores necesitan prepararse. Y esta preparación es doble; esta preparación debe ser espiritual y técnica. La Palabra de Dios para nosotros solamente llegará a su destino si se convierte en la Palabra de Dios a través de nosotros. En la actividad del lector Dios ha elegido comunicarse con su pueblo cuando éste se congrega para adorarlo. Ahora, consideremos algunos puntos que pueden ayudarnos a cumplir éste plan de Dios.

RECUERDEN QUE

• Las palabras son básicas en la comunicación igual que en la formación de una comunidad y las dos tienen mucho que ver con la comunión, al unirse en uno.

• "La Tradición y la Sagrada Escritura—las dos—constituyen el depósito, único y sagrado, de la Palabra de Dios, que ha sido entregada a la Iglesia."

• La Biblia nos ofrece una imagen dinámica de la Palabra de Dios en varias actividades: creando, redimiendo, instruyendo, corrigiendo, animando, santificando y formando a un pueblo de fe, de esperanza y de amor.

• "La Iglesia se nutre espiritualmente alrededor de la mesa de la Palabra de Dios y de la mesa de la Eucaristía: de la una, se instruye y de la otra, se santifica."

• Un ritmo premeditado es necesario en la Liturgia de la Palabra para asegurar que la comunidad oiga la Palabra de Dios; debemos escuchar, hacer silencio, responder durante el salmo responsorial; debemos escuchar, hacer silencio y prepararnos para el evangelio durante el aleluya; y debemos escuchar la predicación, hacer silencio, y participar en las oraciones de los fieles. Frecuentemente, nos olvidamos del silencio.

• La Palabra de Dios espera encarnarse—primero, en el lector; luego en la comunidad.

TERCERA PARTE

La Palabra de Dios proclamada por nosotros

C uando el lector empieza a prepararse para leer, quizás este va a pensar que lo más importante es practicar las lecturas en voz alta. En cambio, la preparación del lector envuelve no solo la preparación de la Palabra sino también la preparación espiritual. Hace años, leí el libro, *How to Read a Book* (Como Leer un Libro), escrito por Mórtimer Adler. Nunca he olvidado su definición de "una conferencia" como el proceso por el cual los apuntes del profesor se hicieron los apuntes del estudiante sin ninguno de los dos darse cuenta. Algo semejante puede ocurrir no sólo cuando nos preparamos a leer las Escrituras sino en el momento de proclamar la Palabra. La tinta en la página puede ser traducida en el sonido que sale de la boca, pero puede que la lectura no haya pasado por la cabeza, por el corazón, ni por el alma del lector. Para evitar que esto suceda, la primera etapa de la preparación del lector consiste en algún tipo de ejercicio espiritual. Aquí tienen algunas sugerencias.

La preparación espiritual

Primer paso: rezar. Está acercándose a tierra sagrada como lo hizo Moisés cuando oyó la voz que le llamaba desde la zarza ardiente (Ex 3:4 sig.). Le dijo a Moisés que se quitara las sandalias porque el lugar que pisaba era tierra sagrada, un lugar donde estuvo presente Dios. Así lo es para el lector que se acerca al ambón para proclamar la Palabra de Dios. Pero, el respeto a la

Palabra no sólo se aplica al momento de la proclamación sino empieza en la preparación de esa Palabra. Al empezar a preparar la lectura, ante todo, debe rezar algo tan sencillo como: "Ven, Espíritu Santo, ayúdame a escuchar la Palabra de Dios, entenderla y proclamarla con fe, frente a tu pueblo."

Segundo paso: escuchar la Palabra. Para ser expresada por nosotros, necesitamos permitir que la Palabra de Dios se impregne en nosotros mismos. Antes de proclamar la Palabra de Dios a los demás, usted mismo necesita oírla profundamente en el corazón. Tenemos que tomarnos nuestro tiempo para que la Palabra se establezca en la mente y en el corazón de cualquier persona que espera llevar la Palabra de Dios a la comunidad. El primer paso es escuchar, pero eso no es fácil. Hace tiempo se publicó una encuesta en el *Washington Post*[12] sobre la importancia y la dificultad de este acto profundamente humano. Se utilizó una estadística producida por la Asociación Internacional del Escuchar. Primero, cerca de 85% de lo que sabemos lo hemos aprendido por haberlo escuchado, y pasamos 45% de nuestro tiempo en el mero acto de escuchar. Sin embargo, somos distraídos, preocupados u olvidadizos cerca de 75% del tiempo; e inmediatamente después de haber escuchado a alguien, en general recordamos solamente la mitad de lo que hemos oído, y poco tiempo después, recordamos solamente 20%. De modo que, se puede concluir que aunque oigamos mucho, no somos muy hábiles en escuchar.

No obstante, sabemos que, para llevar una relación más allá de un nivel superficial o para remontar una relación difícil, es sumamente decisivo escuchar a la otra persona. No es menos crucial cuando nos relacionamos con Dios. Necesitamos dedicar tiempo a escuchar la Palabra de Dios, esforzándonos de vez en cuando para oír lo que Dios está tratando de decirnos, aquí y en este momento, en los acontecimientos de nuestras vidas, en el silencio de nuestra oración, y en la Palabra de Dios que se nos entregó por medio de las Escrituras y la tradición viva de la Iglesia. Así que empecemos con un ejercicio para escuchar. Tome un momento y lea este texto designado como la segunda lectura para la fiesta de Pentecostés (12:3b-7, 12-13):

Lectura de la primera carta del apóstol San Pablo a los corintios:

Hermanos:

Y nadie puede decir: ¡Señor Jesús! Si no es movido por el Espíritu Santo.

Existen diversos dones espirituales, pero un mismo Espíritu, existen ministerios diversos, pero un mismo Señor, existen actividades diversas, pero un mismo Dios que ejecuta todo en todos. A cada uno se le da una manifestación del Espíritu para el bien común.

Como el cuerpo, que siendo uno, tiene muchos miembros, y los miembros, siendo muchos, forman un solo cuerpo, así también Cristo.

Todos nosotros, judíos o griegos, esclavos o libres, nos hemos bautizado en un solo Espíritu para formar un solo cuerpo, y hemos bebido un solo Espíritu.

Palabra de Dios.

Es probable que usted haya leído esta perícopa (fragmento) para sí mismo, es decir, silenciosamente, escuchándolo en su mente, mientras estaba leyéndolo con los ojos. Esa es la manera de leer para la mayoría de nosotros desde que estábamos en las escuelas y se nos pedía sacar los libros y a leerlos *en silencio*. Pero ésta no ha sido siempre la manera común de leer. En las *Confesiones de San Agustín*, Libro VI, habla el santo de haber sido sorprendido cuando entró en el estudio del Obispo Ambrosio de Milán y de haberlo encontrado leyéndose a sí mismo.[13] Era costumbre en aquel entonces leer en voz alta. Y eso es lo que le pido que haga ahora. Tome usted el mismo texto y léalo otra vez, pero en voz alta.

¿Cuál es la diferencia entre la lectura silenciosa para sí mismo y la lectura del mismo texto en voz alta? Se requiere más esfuerzo, por supuesto. También, la lectura en voz alta le hace leer más despacio. Pero algo más empieza a ocurrir. Puede descubrir que le da énfasis a algunas palabras, y menos a otras. También, que hace una pausa, dándoles un color especial a unas palabras con un tono particularmente emocional. Empieza a entrar más profundamente en lo que quieren decir las palabras y quizás, en los sentimientos que subrayan las palabras.

Ahora, escuche el texto una vez más, pero, esta vez, ponga las manos sobre los oídos y lea en voz alta las mismas palabras.

Va a descubrir que no necesita decirlas muy alto. Dígalas a sí mismo, pero escúchelas bien como si fuera a oirlas por primera vez. Léalas despacio—atentamente, con sentimiento, sopesando su significado. Si su atención disminuye momentáneamente, regrese a leer la frase otra vez. Si hay una frase en particular que le llama la atención, repítala. El propósito no es terminar rápidamente la lectura sino permitir que la lectura entre íntegramente a su ser. Saboree las palabras. Pruébelas. Mastíquelas. (Haga esto ahora.)

¿Cómo resultó su experiencia? ¿Qué es lo que oyó? ¿Había algo que oyó esta vez que no oyó durante las dos primeras lecturas? ¿Descubrió la voz del texto al utilizar este método? Nos llega como una voz más profunda, una voz desde adentro. He hecho este ejercicio con predicadores, pidiéndoles que den su atención completa al texto como si fuera otra persona. Algunos me dijeron que es como si lo leyeran en un cuarto de ecos, pero otros descubrieron que esta forma de leer la Palabra es un encuentro mucho más personal con la Palabra de Dios. Los ojos captan lo que está en la superficie de la página; el oído deja entrar lo que está dicho no solamente en nuestros cuerpos sino en todo nuestro ser. Es fácil mirar un texto, conocerlo en un vistazo, y reaccionar más o menos, así: "Ah, sí, esa lectura. La conozco. La he leído antes." Pero cuando uno pone su atención completa al texto, y verdaderamente lo escucha, va a encontrar que se relaciona con él de una manera distinta. Acérquese a cada lectura de la Palabra de Dios como si fuera a escucharla por primera vez.

Wallace Bacon, uno de los mejores maestros de la interpretación oral en Northwestern University, hablaba de la necesidad de acercarse a un texto como "el otro" o como "tú" en vez de tratarlo como "el" o algo inanimado. Recuérdese que, de verdad, es Dios que trata de comunicarse con su pueblo, pero para llegar a vivir esa palabra, para ser "el otro" al Cuerpo de Cristo reunido en asamblea para un acto de culto, esa palabra necesita nuestra voz, nuestro cuerpo, nuestra mente, nuestras emociones y nuestra imaginación. El texto nos espera hasta que lo levantemos de la página y lo transformemos de letra impresa a una oración eficaz.

En cualquier momento durante este acto de escuchar con atención, es posible que sienta el deseo de orar. Permítase seguir adondequiera que lo lleve el texto. Deje que la Palabra le hable a su corazón. Quédese con la Palabra. Este método es una forma de *lectio divina* o la "sagrada lectura" que ha sido parte de la tradición monástica cristiana durante siglos. Deriva del tiempo de San Benito y él la menciona en su Regla: orar, leer, meditar, contemplar. Este método de leer aprecia el texto como algo que se mastica y se digiere, que se regurgita y se consume. Michael Downy, en su libro *Trappist,* reflexiona sobre la *lectio divina* y escribe: "En la *lectio* los ojos contemplan, acarician, abrazan el texto. Se saborean, se mastican y se tragan las palabras lentamente. Tienen el sabor de Dios. Son como la miel en la boca, alegrando al corazón."[14] La *lectio* deja que Dios entre y nos lleve más cerca al Misterio que existe en el mero centro de la vida.

La Biblia misma es fuente para esto. El profeta Jeremías recibió un rollo de pergamino para comer y oyó el mensaje: "Mira, en este momento pongo mis palabras en tu boca" (1:9); más tarde, Jeremías mismo dice: "Cuando me llegaban tus palabras, yo las devoraba" (15:16). Y en el libro del profeta Ezequiel, una voz le dice: "Hijo de hombre, come lo que te presentaron, come este libro y ve a hablar a la gente de Israel." Ezequiel continúa: "Lo comí, pues, y en la boca lo sentí dulce como la miel" (Ez 3:1-3). En el Nuevo Testamento, en el Libro del Apocalipsis, una voz del cielo le ordena al sabio que tome el rollo de pergamino de las manos del ángel que está en el mar y en la tierra, y cuando está de pie frente al ángel, éste dice: "Tóma y cómelo, que en la boca te sabrá dulce como miel y amargo en el estómago" (Ap 10:9).

Los Padres de la Iglesia continuaron con la imagen de comer la Palabra de Dios. San Jerónimo escribió que debemos ser como camellos en preferencia a los caballos, cuando es cuestión de masticar, tragar, regurgitar, masticar más, tragar, regurgitar etc. No es una imagen bonita, pero sí es provocativa y da énfasis a la idea de que la Palabra de Dios nos fue entregada para ser nutritiva, una parte del pan de vida, que sostiene y entra en nuestro propio ser.

Tercer paso: estudiar la Palabra. Mientras estamos leyendo un texto, varias cosas ocurren. Empezamos a entrar en otro mundo.

Al fin y al cabo, los textos fueron escritos hace miles de años. Estamos escuchando cuentos, ideas y consejos de otra cultura y de otros tiempos. Nos enfrentamos con costumbres distintas, estilos de comunicación, géneros literarios, de vez en cuando un cuento o sólo una parte de otro cuento; otras veces, el extracto de una carta, el fragmento de una oración profética, una visión apocalíptica, o una sección de uno de los libros de la Sabiduría. Además, nos damos cuenta de que estamos leyendo sólo unos versículos de una obra más larga. Una variedad de preguntas surgen: ¿Qué quiere decir exactamente ésta palabra o ésta frase o ésta alocución? ¿Qué significa todo este texto? Qué papel toma dentro del libro de donde se originó? ¿Por qué fue elegida para hoy? ¿Se relaciona con las otras lecturas? ¿O con el tiempo litúrgico? Y si lo hace, ¿cómo? Precisamente con estas preguntas el estudio puede ayudar mucho. Unos pocos recursos pueden ayudar no solamente a entender una lectura en particular para que pueda proclamarla, sino también puede avanzar su propio desarrollo espiritual. Para responder algunas de estas preguntas considere consultar el "Comentario Bíblico Internacional" publicado por Liturgical Press, 1999.

Cuarto paso: rezar con la Palabra. En todo este tiempo de preparación espiritual, usted puede encontrarse invitado a rezar. El propósito de la Palabra de Dios, la razón por la cual Dios la manda al mundo—como la nieve y la lluvia que bajan del cielo—es para que irrigue la tierra, haciéndola fértil y fructífera, produciendo una cosecha de cuarenta, sesenta o cien por ciento. La palabra de Jesús también está presentada como una palabra que poda, cortando lo que está muerto para que pueda producir aun más fruto. En primer lugar (aunque puede ser el último también), la Palabra de Dios puede chocar contra nuestras propias mentes y corazones, ofreciéndonos una nueva manera de pensar sobre Dios, nuestro mundo y nosotros mismos. No importa si está escuchando la Palabra, estudiándola o simplemente sentado en silencio frente a la Palabra, entréguese a cualquier impulso de rezar. El primer paso para prepararse, entonces, es espiritual. Antes de dar expresión a la Palabra, permítale que se imprima en usted mismo. De tal encuentro sale la proclamación fructífera y efectiva.

RECUÉRDEN QUE

Al prepararse para leer, hay que recordar que no se trata de solamente practicar las lecturas sino también es una preparación espiritual:

- Empiece con una oración al Espíritu Santo.

- Lea el texto en voz alta, despacio, asimilándolo.

- Estudie el texto con la ayuda de comentarios bíblicos.

- Rece con el texto durante los días antes de que la lea a la comunidad.

Preparándose para hablar

> Lo que más ayuda a una adecuada comunicación de la palabra de Dios a la asamblea por medio de las lecturas es la misma manera de leer de los lectores, que deben hacerlo en voz alta y clara y con conocimiento de lo que leen (LMIn, 14).

El leer durante la misa es un acto de discurso público. Es un discurso aun cuando las palabras no son del lector. Las palabras son conocidas y aceptadas por la Iglesia como "La palabra del Señor." Por eso, es crucial que la Palabra de Dios sea proclamada claramente para que sea comunicada de manera efectiva. Una suposición errónea es que si una persona puede leer, esa persona puede leer durante la misa. Y así, se le puede pedir a cualquier persona que entre en la iglesia: "¿Nos hace el favor de leer una de las lecturas esta mañana?" Esto no es justo, para la persona llamada, de un momento a otro (aun cuando sean lectores, ellos necesitan prepararse), para la comunidad, ni para la Palabra de Dios. No es cuestión de que una persona sea o no sea capaz de leer bien después de solamente una ojeada en la sacristía, especialmente si había tenido experiencia como lector. Es de esperarse que la mayoría de los lectores experimentados puedan leer en voz alta y clara, pero hasta qué punto va a ser inteligente la lectura; eso es otra pregunta. Y, aun más pertinente, ¿hasta qué punto va a reflejar la lectura ese "tierno y vivo amor y conocimiento de la Sagrada Escritura" que el Papa Pablo VI mencionó?

La disciplina de la interpretación oral subraya las demandas que exige la lectura de un texto leído públicamente. Charlotte Lee, de Northwestern University, es una de los primeros escritores sobre la disciplina del ejercicio de interpretar oralmente. En una de las primeras obras publicadas sobre el arte de la interpretación oral, ella la definió como "el arte de comunicarles a los oyentes una obra de literatura en su totalidad—intelectualmente, emocionalmente y estéticamente."[15] Tal tipo de entendimiento exige que el lector pase tiempo con la lectura para descubrir el significado intelectual y emocional, es decir, su verdad mental tanto como su verdad emocional, además de discernir los varios aspectos estéticos de los términos que específicamente distinguen un género o tipo de literatura bíblica de otro. Las tres dimensiones—intelectual, emocional y estética—ejercen influencia sobre cómo se lee un texto. El campo de la estética se relaciona con las calidades, en particular, las que ayudan hacer que ciertos libros de la Biblia se estimen como obras de tanta belleza que muchas personas, al leerlas, juzgan a la Biblia como una colección de libros de literatura, así como también de libros de fe. Para los lectores, esto tiene mucho que ver con el reconocimiento de distintas calidades que distinguen un relato de una carta o de una alocución profética, la diferencia entre una lectura de prosa y una de poesía. Más tarde, examinaremos los distintos géneros que se encuentran en la Biblia.

Wallace Bacon nos ayuda a darnos cuenta de que cada texto demanda un compromiso personal por parte del lector.[16] La relación entre el lector y el texto puede ser superficial o íntima. El resultado depende del nivel de conexión creado. Bacon pide una unificación entre el lector y el texto, es decir, un acercamiento o desarrollo mutuo, lo que ocurre solamente cuando un lector y un texto entran en comunión, el uno con el otro. Él nos invita a pensar en los dos, es decir, en el lector y en la poesía, como si tuvieran una forma exterior y otra interior. En cuanto al lector, lo que se ve y se oye es su forma exterior—la cara, el cuerpo, la voz—mientras la forma interior incluye los pensamientos y sentimientos del lector. El texto también tiene una forma exterior—la página, las palabras que se quedan allí esperando hasta que alguien las transforme en oraciones—mientras la forma interior son los pensamientos, los sentimientos y la manera en que un texto mueve e inspira.

Para poder interpretar un texto, y transmitir su mensaje el lector y el texto tienen que unirse profundamente. Los lectores se entregan al texto para que, por medio de sus esfuerzos, el texto pueda ser oído, sentido y conocido. El texto somete sus pensamientos y sentimientos interiores al lector, abriéndole su mundo interior y su belleza al lector atento. Bacon aun se atreve a decir: "Quizás no es exageración sugerir que hay un tipo de relación amorosa entre el lector y el poema, cada uno extendiéndose al otro."[17] Cuando esto no sucede, nos queda únicamente un encuentro superficial.

Tal vez, puede recordar una lectura o una conferencia donde el lector o el conferencista no estaban bien comprometidos con el contenido de su obra. Aun describimos tal experiencia con palabras como "lo hizo sin entusiasmo" o "parecía que no podía concentrarse en lo que estaba diciendo." Las palabras de un texto pueden ser palabras habladas por un lector sin nada de profundidad. Al oyente, le parecerán sonidos huecos, no más, porque lo que pronuncia el lector no tiene nada de pensamiento ni de sentimiento. En su estudio de la teoría de la interpretación oral y la teología de la Encarnación, Alla Bozarth-Campbell escribió que "la interpretación ideal puede ser definida como la revelación completa de cualquier experiencia que es intrínseca a la literatura."[18] Descubrimos qué es esa experiencia cuando pasamos tiempo con el texto, haciéndolo nuestro amigo, poniéndonos en contacto íntimo con él para que lo conozcamos como un ser vivo, un "tú" en vez de un "el." Somos llamados a amar la Palabra, pero el amor solo fluye del conocimiento. Y la comunicación de la Palabra fluye de la unión del conocimiento, del amor y de la habilidad. Una imagen final viene de Jerzy Grotowski, el director de un grupo de teatro experimental de Polonia en los años 70. El habló del "intérprete santo" quien entrega su vida al texto. Al someter el cuerpo, la mente, el corazón y el espíritu al texto sagrado, muere el intérprete para que viva el texto.

Vamos a considerar tres áreas de importancia para la proclamación pública del texto: los requisitos del texto, los requisitos del oyente y los requisitos del espacio. Mientras continúa estudiando, puede que piense: "¿Cómo voy a recordar todo esto?" Sin duda, no lo va a recordar todo. Pero, poco a poco, va a absorber varios aspectos. Lo que estamos tratando de hacer aquí es presentar tan completo como sea posible lo que produce una buena lectura de la Palabra de Dios.

Los requisitos del texto. La primera sugerencia es leer todos los textos bíblicos lentamente y devotamente. Empiece con el evangelio, luego la primera y la segunda lectura. No se olvide leer el salmo responsorial ni el versículo del aleluya. Esto va a introducirlo al mundo bíblico para un domingo en particular. Durante los tiempos de Adviento y Navidad, Cuaresma y Pascua, muchas veces, el principio de la armonía de tema funciona, y leer despacio todos los textos va a ayudarlo a ver algunos de las conexiones comunes. Durante el Tiempo Ordinario, la primera lectura ha sido elegida para armonizar con el evangelio, de modo que al leer primero el evangelio, podrá identificar mejor lo que se le debe dar énfasis en la primera lectura. La segunda lectura durante el Tiempo Ordinario sigue su propia senda y no ha sido elegida para corresponder a las otras lecturas, aunque, de vez en cuando, se puede encontrar un elemento complementario.

Cada texto es único, ofreciéndole al oyente una experiencia o pensamiento en particular. Pero también hay ciertos *géneros* o tipos de lecturas, que comparten ciertas características. Entre los géneros que los lectores encuentran mucho son el relato, la carta y el poema. Cada uno de estos géneros tiene sus propias demandas. Los relatos del Leccionario no sólo entretejen unos elementos entre el cuentista que relata la historia y las características particulares, sino que también se desarrolla del punto A hacia el punto B y el punto C, terminando en un punto culminante—experimentando varias demandas en cuanto al establecer un ritmo o un nivel de energía—sino, muchas veces, un lector da el paso decisivo al medio del relato sin tener un sentido de la narración total. Va a necesitar descubrir cómo esta perícopa cabe dentro de toda la narración. Las lecturas de las cartas, especialmente las de San Pablo, demandan que los lectores estén conscientes de las habilidades de la comunidad de absorber el contenido teológico y abstracto, lo cual puede demandar un estilo de fraseología hábil y el tomar en consideración un ritmo de lectura. Muchas veces, las frases son muy largas, compuestas de tal manera que amenazan el entendimiento del oyente. La forma poética aparece en los oráculos, en las oraciones de los profetas, en los salmos y muchas veces, en el cuerpo literario que llamamos literatura de Sabiduría. Las imágenes poderosas y el esfuerzo emocional son cualidades centrales de la mayor parte de la poesía. La poesía de las Escrituras tiene ciertas carac-terísticas estéticas como el paralelismo y ritmo poético basado en cierto número de acentos tónicos por línea. Mientras cada lectura tiene sus propias demandas, el examinar las demandas generales de cada género nos puede ayudar.

a. *El relato*

Hay relatos maravillosos que se pueden encontrar en el Leccionario. O, mejor dicho, hay maravillosos fragmentos de relatos en el Leccionario: la confrontación entre Dios, Adán y Eva en el jardín de Eden; Noé y el arco iris regalado como señal del pacto; Abraham invitado por Dios a mirar al cielo y contar, si pudiera, las estrellas como señal de la promesa que Dios le dio; Moisés hablándole al arbusto; David, tentado a clavar una lanza en el pecho del dormido Rey Saúl; el gran capitán Naamán sumergiéndose en el Jordán siete veces y saliendo de allí con la carne de un niño; y Jonás predicando un mensaje de perdición en Nínive y el resultado inmediato que se obtuvo. Estos relatos nos llaman a usar nuestra imaginación y nuestras habilidades como cuentistas.

Considere la primera lectura de los Hechos de los Apóstoles (10:25-26, 34-35, 44-48), escogida para el VI Domingo de Pascua, Ciclo B, sobre la visita de Pedro a la casa del gentil llamado Cornelio. En el Leccionario se encuentra la lectura así:

Lectura del libro de los Hechos de los Apóstoles:

En aquel tiempo, entró Pedro en la casa del oficial Cornelio, y
    éste le salió al encuentro
y se postró ante él en señal de adoración.
Pedro lo levantó y le dijo:
"Ponte de pie, pues soy un hombre como tú."
Luego añadió:
"Ahora caigo en la cuenta de que Dios no hace distinción de
    personas,

sino que acepta al que lo teme y practica la justicia, sea de la
nación que fuere."
Todavía estaba hablando Pedro, cuando
el Espíritu Santo descendió sobre todos los que estaban
escuchando el mensaje.
Al oírlos hablar en lenguas desconocidas y proclamar la grandeza
de Dios, los creyentes judíos que habían venido con Pedro,
se sorprendieron de que el don del Espíritu Santo
se hubiera derramado también sobre los paganos.
Entonces Pedro sacó esta conclusión:
"¿Quién puede negar el agua del bautismo
a los que han recibido el Espíritu Santo lo mismo que
nosotros?"
Y los mandó bautizar en el nombre de Jesucristo. Luego le
rogaron que se quedara con ellos algunos días.

Palabra de Dios.

Un relato, aunque sea corto, tiene movimiento: un principio,
la exposición, y un final. Este relato empieza con Pedro que
está entrando en la casa de alguien llamado Cornelio; una vez,
dentro, continúa contándonos lo que sucede. Cuando estamos
estudiando un relato, es buena idea hacernos algunas preguntas: ¿Entiendo el movimiento del relato? ¿Qué está pasando?
¿Tiene este relato un principio claro, un punto medio, y un
final? ¿Tiene el relato un momento crucial? ¿Un punto culminante? ¿Quiénes son los personajes en el relato? ¿Hablan ellos?
Y si hablan, ¿cómo se expresan cuando hablan, es decir, cuáles
son los sentimientos que inspiran sus palabras? Si no hablan,
¿hay señales dentro de la narración que revelan el carácter de
los personajes? ¿Hay algunas palabras o expresiones que toman
un significado especial (como la palabra "Señor" en el perícope
de la primera carta a los corintios)?

Hay que notar, en primer lugar, cómo esta lectura nos pone
en medio de la acción. Empieza con las palabras: "Cuando
Pedro entró, Cornelio le salió al encuentro." ¿En dónde entró?
¿Quién es Cornelio? ¿Por qué está allí? El texto del Leccionario
no dice nada. Además, ésta lectura omite algunos versículos del
relato: los Hechos 10:27-33 y 36-43. De vez en cuando, se omiten
versículos que confunden o que no son claros, pero, en este

caso, estos versículos son parte del relato, y podrían resumir lo que ya había ocurrido antes de empezar la acción del texto corriente. De modo que hay que tener una Biblia cerca. Lea los versículos omitidos. Pero, hay que leer aun más porque el relato mismo empieza unos veinticuatro versículos antes. Es decir, la selección para este domingo es la escena final de lo que podríamos llamar un trama de tres actos.

Las dos escenas llevándonos a la de Pedro entrando en la casa de Cornelio nos dicen, primero, algo de Cornelio, un capitán romano estacionado en Cesárea, hombre bueno y "de los que temen a Dios," es decir, un gentil que había llegado a creer en el Dios de Israel. Cornelio tiene una visión en la cual un ángel le dice que Dios ha oído su oración y que él debe mandar mensajeros a Joppe para que traigan a un tal Simón, llamado Pedro. Luego, el relato cambia a Joppe donde Pedro, alojado con la familia de Simón, un curtidor, sube a la azotea de su casa y allí tiene una visión. En la visión desciende un gran lienzo llevando toda clase de animales cuadrúpedos, y una voz le dice a Pedro: "mata y come." Estaba desconcertado Pedro y no lo hizo; la voz tenía que dar el mismo mandato tres veces, y luego. . . . Como puede ver, va a necesitar leer todo el relato para apreciar el impacto total de esta lectura dominical.

El conocer bien lo que ya ha sucedido le ayuda para saber los antecedentes del porqué Pedro está entrando en la casa de Cornelio. Pero necesita más para interpretar la reacción de Pedro cuando Cornelio se arrodilla frente a él: "Ponte de pie pues soy un hombre como tú." Aquí es provechoso saber algo sobre las creencias y las costumbres de los judíos y de los gentiles. Aunque la visión de Pedro le dijo que debiera ir a la casa de Cornelio, como judío devoto, Pedro fue criado pensando que era contra la ley cruzar el umbral de cualquier casa gentil. La ley de Moisés consideraba a los gentiles como impuros o manchados ritualmente (vea los versículos no incluidos, 27-33). Además, ver a un gentil arrodillándose sería juzgar esa acción de adoración reservada solamente a un dios. De modo que la reacción de Pedro sería inmediata y fuerte; por eso, sería lógico que se dirija a tal persona inestable o desordenada un saludo como éste: "Levántate, que también yo soy hombre."

Pedro sigue hablando de lo que había aprendido de su experiencia en la azotea en Joppe: "Dios no hace diferencia entre las personas sino que acepta a todo el que lo honra y obra justamente, sea cual sea su raza." Pedro empieza a predicar (vea unos de los versículos omitidos, 36-43) pero mientras está predicando, "bajó el Espíritu Santo sobre todos los que escuchaban la Palabra." Este es el punto culminante del relato. Cada relato tiene uno; hay que buscarlo. Estos gentiles todavía no estaban bautizados. La hora de la llegada del Espíritu Santo sería el momento de su bautismo, pero en esta ocasión Pedro está todavía predicándoles acerca de Jesús cuando "el Espíritu Santo bajó sobre todos los que escuchaban." Un sentido de asombro y sorpresa debe caracterizar este momento en la lectura. Nos recuerda que ni aun Dios puede esperar para agarrarnos, entrar en nuestras vidas, atraernos a la vida divina. En conformidad, Pedro responde al bautizarlos inmediatamente.

Otro ejemplo de haber entrado en la misma exposición del relato ocurre en la lectura de Génesis 3:9-15, 20, elegida para la fiesta de la Inmaculada Concepción de la Virgen María. La lectura empieza después de que el hombre y la mujer han comido del fruto del árbol; están ocultándose de Dios que "se paseaba por el jardín tomando el fresco." Pues Yavé Dios llamó al hombre y le dijo, "¿Dónde estás?" Cuando, por fin salieron, Adán dice que tenía miedo porque estaba desnudo, y por eso se escondió. Luego, Dios le pregunta: "¿Quién te ha dicho que estabas desnudo? ¿A que has comido del árbol prohibido?" La manera de pronunciar esta última frase puede variar. Quizás un lector elegiría retratar a un Dios enojado y furioso, frente al acto de la desobediencia. O podría presentar a un Dios distante e indiferente, deliberadamente resumiendo lo que había sucedido. O tal vez, una interpretación en medio: a un Dios disgustado y enojado sin ir más allá. El leer el relato en su totalidad puede ayudarle a decidir; el estudio de un buen comentario puede ayudar aún más.

En su comentario sobre Génesis, el erudito bíblico Walter Brueggemann[19] nos recuerda que a menudo pensamos en el Dios retratado en Génesis 2–3, solo como el Dios que prohíbe, el Dios que prohibió a Adán y Eva de comer del árbol de la ciencia del bien y del mal que estaba en el jardín. Pero, el Dios presentado en ese relato es, ante todo, el Dios de la *vocación*, el Dios que llama a la criatura humana y le entrega (todavía no existe Eva) el cuidado del jardín, para que lo guardara y lo cultivara (2:15); segundo, este Dios es el Dios del *permiso* o de la *autorización*, que permite que la criatura coma "de todos los árboles del jardín, menos del árbol del conocimiento del bien y del mal" (2:16-17). Solamente, después de estas dos prohibiciones por parte del Dios de la prohibición, lo oímos decir: ". . . pero del árbol del conocimiento del bien y del mal no comas; porque el día en que comas de él, quedarás sujeto a la muerte" (2:17). Al contar esta historia de la creación, el Dios que creó es el Dios que llamó y permitió y, solo luego, prohibió. Podríamos presentar a este Dios como muy apenado cuando dijo: "¿Has comido acaso del árbol que te prohibí?"

El problema de leer solamente fragmentos de los relatos bíblicos está tratado en la Introducción al Leccionario cuando permite "moniciones breves y oportunas, *especialmente antes de la primera lectura*" (yo añadí la letra itálica). Hay que tener muy en cuenta el género literario de estas moniciones. Conviene que sean sencillas, fieles al texto, breves, bien preparadas y adaptadas en todo el texto, al que sirven de introducción" (LMIn 15). La lectura de los relatos bíblicos es una invitación a crear para la comunidad, encuentros breves con las mayores figuras de la historia judía-cristiana. Por fin, algunos lectores se preocupan de la posibilidad de "hacer demasiado" o de exagerar un relato. Aunque admitiendo que esto pudiera ocurrir, yo encuentro que hay más lecturas que son subestimadas que las que son exageradas. Busque la verdad interior, la humanidad que compartimos con estos personajes humanos. Las emociones—como la ira, el dolor, el miedo, el amor, los celos—deben ser registradas en una lectura, aun cuando sean atribuidas a Dios. No deje que el miedo de la exageración le encierre en una lectura inanimada o no apasionada de un cuento que debe dar vida a la comunidad.

b. *La carta*

La segunda lectura para cada domingo y cada día festivo son lecturas que vienen casi exclusivamente de las cartas de San

Pablo. De vez en cuando, hay una lectura de otras cartas: de Santiago durante cinco semanas del Año B y las cartas de Pedro y Juan durante las temporadas de la Pascua y la Navidad, respectivamente. La Primera Carta a los corintios se extiende por un ciclo de tres años, mientras la Carta a los hebreos (que, según la mayoría de estudiosos de la Biblia, en realidad, es una homilía escrita por un autor desconocido) está dividida entre los Años B y C. Las lecturas—la segunda entre las tres—durante el Tiempo Ordinario no son continuas y son deliberadamente cortas para que las entiendan fácilmente los oyentes. (Uno puede preguntar si, quizás, son a menudo demasiado cortas, puesto que casi no impresionan a nadie. ¿Es la concentración de la congregación contemporánea tan precaria debido a que estamos mirando la televisión con sus comerciales frecuentes, que los feligreses no pueden escuchar por más de un minuto o dos?).

Le ayudará al lector saber algo sobre el fondo de la carta: alguna información acerca de la comunidad a la cual estaba escribiendo Pablo, su relación con ellos, y cuál fue la situación que evocó o provocó la carta. Mientras los corintios fueron un grupo malhumorado y divisivo, y los gálatas provocaron que Pablo usara las palabras más fuertes de regaño documentadas, los filipenses fueron queridos de una manera especial por Pablo, y los romanos recibieron algunas palabras elocuentes. Además, el estar alerta a la estructura de la carta y su posición dentro de la carta puede ayudar al lector a leer con mejor entendimiento. La introducción breve antes de cada carta en la Biblia de Nuestro Pueblo ofrece una vista panorámica de la carta y de sus estructuras que puede ser útil. Para un estudio más detallado, busque un buen comentario sobre la carta en particular.

Las cartas de San Pablo empiezan, en general, con un saludo formal, seguido por un acto de agradecimiento, y luego el autor se lanza en su instrucción que dura la mayor parte de la carta. Él revela la visión teológica que quiere compartir con la comunidad, o discute los problemas que le han llamado la atención. En esta primera parte de la carta, encontramos que Pablo hace lo posible para establecer la base de lo que significa "estar en Cristo." Los últimos capítulos usualmente ofrecen consejos prácticos sobre cómo vivir diariamente dentro de la comunidad o en el mundo. Algunas cartas tienen un tono muy personal, por ejemplo, las dirigidas a los filipenses, a los corintios, a los gálatas, a los tesalonicenses y a Filemón (la única carta privada documentada), mientras otras son más formales, como las cartas a los romanos, a los colosenses y a los efesios.

Una característica importante de la mayoría de las cartas es una cierta *densidad de pensamiento.* San Pablo había estudiado las obras rabínicas, y sus cartas reflejan el desarrollo de su entendimiento teológico, de lo que significaba entrar en el misterio de Cristo y de estar "en Cristo." De modo que, hay que tomarse su tiempo para entender lo que está diciendo Pablo y dar a sus oyentes el tiempo necesario para absorber el pensamiento de él. Esto no significa que debe leer a velocidad tortuosamente lenta, sino un lector tiene que recordar la importancia de tomar pausas y formular las frases para que los oyentes comprendan cuando una lectura está ofreciendo algunos conceptos teológicos y profundos. Estas lecturas son, a menudo, más "pesadas" porque son más abstractas, y hay que fijar un paso más deliberado que cuando se lee un relato. Considere las líneas al principio de la Carta de San Pablo a los romanos (5:12-19), seleccionadas para el I Domingo de la Cuaresma, Ciclo A:

> Hermanos:
>
> Por un solo hombre entró el pecado en el mundo
> y por el pecado entró la muerte, y así la muerte pasó a todos los
>   hombres,
> porque todos pecaron.
> Antes de la ley de Moisés ya existía el pecado en el mundo y, si
>   bien es cierto
> que el pecado no se castiga cuando no hay ley, sin embargo,
> la muerte reinó desde Adán hasta Moisés,
> aun sobre aquellos que no pecaron como pecó Adán,
> cuando desobedeció un mandato directo de Dios. Por lo demás,
> Adán era figura de Cristo, el que había de venir (5:12-19).

Esta no es una lectura fácil de entender con sólo oírla una vez. Y, además, esta lectura continúa de esta manera por siete versículos más. (Claro, puede elegir la versión menos larga como una lectura alternativa; pero no tome esta decisión demasiado temprano. Esta cita, sin duda, es considerada entre las más apreciadas de San Pablo.) La Carta a los romanos es la obra maestra de San Pablo, y vale todo nuestro esfuerzo el leerla "en voz alta y clara y con conocimiento de lo que leen" (página 30) como sugiere la Introducción al Leccionario. Tal tipo de lectura comprende muchos factores que vamos a discutir en la siguiente sección, factores que son requisitos indispensables para un oyente; por ahora, basta decir que ciertas lecturas tienen una densidad de pensamiento que exige una preparación cuidadosa.

Hay también, en muchas de las cartas, una *densidad de sentimiento*. Lo que me llama la atención en cuanto a San Pablo es su pasión. Uno puede imaginarlo frustrado, dando golpes en su escritorio, mientras escribe a los gálatas: "Me maravilla que tan pronto hayan dejado al que los llamó por la gracia de Cristo, para pasarse a una Buena Noticia diversa. No es que haya otra . . ." (1:6-7a). Y más tarde, en esa misma carta, escribe, "¡Gálatas insensatos! ¿Quién los ha seducido a ustedes . . ." (3:1)? Ahora bien, las promesas fueron hechas. O quizás recuerde que San Pablo es capaz de manipular a Filemón—suavemente, por supuesto y por causa del evangelio—cuando en la Carta a Filemón trata de convencer a su rico amigo para que perdone y vuelva a recibir al esclavo fugitivo, Onesimus—un crimen que merece la muerte. Escribe: "Y no ya como esclavo, sino como algo mucho mejor que esclavo: como hermano muy querido para mí y más aún para ti, como hombre y como hombre y cristiano. Si te consideras compañero mío, recíbelo como a mí" (16-17). Pablo enfatiza en esta carta su enseñanza y encontramos aquí esa semilla del evangelio que al fin y al cabo va a enraizarse y, últimamente, derrumbar la institución de la esclavitud.

Para gozar una de las expresiones del pensamiento de San Pablo llenas de sentimiento, busque la Carta a los romanos y lea el texto de la segunda lectura elegida para el XVIII Domingo del Tiempo Ordinario, Ciclo A:

Hermanos:

¿Qué cosa podrá apartarnos del amor con que nos ama Cristo? ¿Las tribulaciones? ¿Las angustias? ¿La persecución? ¿El hambre? ¿La desnudez? ¿El peligro? ¿La espada?

Ciertamente de todo esto salimos más que victoriosos, gracias a
aquel que nos ha amado;
pues estoy convencido de que ni la muerte ni la vida,
ni los ángeles, ni los demonios,
ni el presente ni el futuro,
ni los poderes de este mundo, ni lo alto ni lo bajo,
ni creatura alguna podrá apartarnos del amor que nos ha
manifestado Dios
en Cristo Jesús (8:35, 37-39).

Si puede leer esto en una manera desapasionada, seca, des-
tilada, sin emoción, casi monótona (como de vez en cuando se
lee), si puede leer esto sin sentimiento alguno, sin el amor apa-
sionado de Cristo para todos los hombres y mujeres, si puede
leer esto sin sentir en su propio corazón alguna señal de la ur-
gencia que sintió San Pablo de comunicar el amor de Dios en
Cristo a una iglesia que nunca había visitado, por favor, reflex-
ione, y no lo lea. Deje que otra persona lo lea. No soy parti-
dario de una lectura demasiada emotiva que llama la atención
hacia el lector, pero, muchas veces los lectores tienen miedo de
exagerar y, como resultado, apenas comunican la verdad del
texto. El consejo del Nuevo Testamento que más oímos es: "No
tengan miedo." La densidad de pensamiento tanto como de sentimiento se encuentra en las cartas y necesitamos comunicarlas.

Otro desafío en las cartas de San Pablo tiene que ver con la
comunicación efectiva de una serie de exhortaciones breves o
una lista de varias características o nombres. Un ejemplo de la
dificultad de comunicar las exhortaciones se puede encontrar
en la segunda lectura elegida de la primera Carta a los tesalonicenses para el III Domingo de Adviento, Ciclo B:

Hermanos:

Vivan siempre alegres, oren sin cesar,
den gracias en toda ocasión,
pues esto es lo que Dios quiere de ustedes en Cristo Jesús.
No impidan la acción del Espíritu Santo, ni desprecien el don
de profecía;
pero sométanlo todo a prueba y quédense con lo bueno.
Absténganse de toda clase de mal (5:16 sig).

Con este tipo de lista, considere cada mandato como si fuera una semilla que usted está sembrando en la conciencia de la comunidad. Hay que darle tiempo para que se profundice en la conciencia de los oyentes. El otro tipo de lista, una serie de nombres o de atributos se puede encontrar en la selección, citada, de la Carta a los romanos, capítulo 8 que contiene dos listas de nombres; o busque la segunda lectura para la fiesta de la Sagrada Familia, Ciclo A; al principio de esa lectura hay una lista de varios atributos. También leemos al principio de la carta a los colosenses:

> Por tanto, como elegidos de Dios, consagrados y amados, revístanse de sentimientos de profunda compasión, de amabilidad, de humildad, de mansedumbre, de paciencia; sopórtense mutuamente; perdónense si alguien tiene queja de otro . . . (3:12-13).

Si va por estas cualidades como si fueran cualquier lista de cosas, los oyentes no van a tener tiempo para absorberlas. Repito, debe pensar en cada una de estas cualidades como semillas sembradas en las mentes de sus oyentes: "la compasión tierna . . . la bondad . . . la humildad . . . la mansedumbre . . . la paciencia . . . ." No lo haga de prisa; permita a la gente absorber cada cualidad. Cuando se prepare, puede pensar de un ejemplo para cada cualidad; eso ayudará a colorear su expresión. Cuídese bien para no caer en un tipo de tono monótono o sonsonete.

Un comentario más: el contexto o la ocasión litúrgica puede hacer una diferencia en cuanto a la manera de escuchar el mismo texto. Por ejemplo, la lectura de la Carta a los romanos que se lee durante la vigilia antes de la Pascua, durante la celebración del bautismo de niños en cualquier domingo, durante el funeral de un ser querido, o domingo del Tiempo Ordinario. Cada situación va a determinar cómo van a oír esta lectura:

> ¿No saben que cuantos fuimos bautizados en Cristo Jesús, fuimos bautizados en su muerte? Por el bautismo fuimos sepultados con él en la muerte, para que así como Cristo resucitó de la muerte por la acción gloriosa del Padre, también nosotros llevemos una vida nueva (6:3-5).

c. *La Profecía*

Durante el ciclo dominical de tres años escuchamos lecturas proféticas en todas las temporadas litúrgicas. El Libro de Isaías se lee frecuentemente, en especial durante el Adviento y la Navidad. La Cuaresma incluye varias lecturas proféticas durante los últimos domingos de esta temporada, mientras, durante la temporada de la Pascua—aparte de la Vigilia antes de la Pascua—no hay lecturas de los profetas puesto que la primera lectura de los domingos viene siempre de los Hechos de los Apóstoles. Los domingos del Tiempo Ordinario, sin embargo, presentan una variedad de lecturas proféticas, seleccionadas y correspondientes a la lectura elegida para el evangelio o paralela al contenido del evangelio. En las lecturas diarias durante el ciclo de dos años, hay una rica selección de libros proféticos. El profeta Daniel y muchos de los profetas menores se leen durante el Ciclo A; y los profetas mayores—Isaías, Jeremías, Ezequiel, Amós y Óseas—junto con los demás profetas menores se leen durante el Ciclo B.

Varias cualidades distintivas llaman la atención del lector. Mientras hay algunas narraciones en las selecciones proféticas—por ejemplo, en el IV Domingo de Adviento, Ciclo A, cuando Isaías confronta al deshonesto rey Ajaz y le dice esas palabras bien conocidas, "He aquí que la virgen concebirá y dará a luz un hijo y le pondrán el nombre de Enmanuel" (7:14)—la mayoría de las lecturas proféticas se presentan como discursos sin mucho conocimiento de su fondo histórico. Como mencioné antes, es porque han elegido los textos que se relacionan de una manera u otra con el evangelio, y para indicar el camino hacia Cristo. Por esa razón, un lector debe leer el evangelio primero. Luego, investigar cómo las palabras del profeta caben dentro de la temporada litúrgica o pueden conectarse con el evangelio del Tiempo Ordinario.

Debido a que la palabra profética ha salido en forma de discurso poético, hay sentimientos profundos y emociones fuertes que se expresan en los textos. Escuchen las palabras de Óseas, elegidas para el VIII Domingo del Tiempo Ordinario, Ciclo B:

Esto dice el Señor:

"Yo conduciré a Israel, mi esposa infiel,
al desierto y le hablaré al corazón.

Ella me responderá allá, como cuando era joven,
como el día en que salió de Egipto.
Israel, yo te desposaré conmigo para siempre.
Nos uniremos en la justicia y la rectitud,
en el amor constante y la ternura;
yo te desposaré en la fidelidad,
y entonces tú conocerás al Señor (2:16b, 17b, 21-22).

O escuche las palabras tan fuertes de Jeremías, dirigidas a Dios, quejándose de la forma cómo había sido *seducido, y vencido* por Dios, estas palabras son encontradas en la lectura para el XXII Domingo del Tiempo Ordinario, Ciclo A:

Me sedujiste, Señor, y me dejé seducir;
fuiste más fuerte que yo y me venciste.
He sido el hazmerreír de todos,
día tras día se burlan de mí.
Desde que comencé a hablar,
he tenido que anunciar a gritos violencia y destrucción.
Por anunciar la palabra del Señor,
me he convertido en objeto de oprobio y de burla todo el día.
He llegado a decirme: "Ya no me acordaré del Señor ni hablaré
más en su nombre."
Pero había en mí como un fuego ardiente,
encerrado en mis huesos;
yo me esforzaba por contenerlo y no podía (20:7-9).

Ahora, ¿cuáles son las emociones apropiadas que un lector necesita adoptar para que esta lectura sea comunicada en su totalidad de forma intelectual, emocional y estética?

De vez en cuando, los profetas hablan en contra de algo como lo hizo Amós contra los ricos "se acuestan en camas de marfil, se apoltronan en sus sillones" (Amos 6:5), comiendo, bebiendo y canturreando al son del arpa, mientras explotan a los pobres y débiles:

Por eso iran al destierro a la cabeza de los cautivos y se acabará
la orgía de los disolutos [ociosos] (Amós 6:1a, 4-7).
(XXVI Domingo del Tiempo Ordinario ciclo C)

Y hacia el fin del año litúrgico escuchamos citas bíblicas que nos ofrecen visiones del Día del Señor, como las palabras del profeta Daniel quien vio venir "uno como el Hijo del hombre, en las nubes del cielo" (Fiesta de Cristo Rey, Ciclo B) o el visionario del libro del Apocalipsis quien pinta un retrato de

> . . . una muchedumbre tan grande, que nadie podía contarla.
> Eran individuos de todas las naciones y razas, de todos los
>   pueblos y lenguas.
> Todos estaban de pie, delante del trono y del Cordero;
> iban vestidos con una túnica blanca; llevaban palmas en las
>   manos
> y exclamaban con voz poderosa: "¡La salvación viene de
>   nuestro Dios,
> que está sentado en el trono, y del Cordero!" (Ap 7:2-4, 9-14)
>   (La Solemnidad de Todos los Santos)

Semejantes textos hablan al corazón y a la imaginación tanto como al cerebro. Vienen del corazón de Dios, dirigidos al corazón de un pueblo que siempre necesita la conversión. Nosotros que leemos estos textos somos los instrumentos por quienes Dios continúa cantando al mundo la canción del amor divino. Nuestra tarea es leer de tal manera que inspiremos la admiración reverente, la maravilla, la alabanza, el arrepentimiento y la gratitud.

d. *La Literatura de la Sabiduría de Salomón*

Las escrituras de la literatura de Sabiduría fueron los últimos libros del Antiguo Testamento en ser escritos. El ciclo de los domingos por tres años incluye unas selecciones de Job (2), de los Proverbios (3), de Eclesiastés (1), de Sabiduría (8) y de Eclesiástico (7). Son selecciones un poco difíciles de entender si las escuchamos solamente una vez, debido a la sintaxis complicada y la característica densa de la expresión poética. Es necesario tomarse suficiente tiempo para que se registren los pensamientos y las imágenes. Fíjese en las líneas al principio del libro de Sabiduría para el XXXII Domingo, Ciclo A:

> Radiante e incorruptible es la sabiduría;
> con facilidad la contemplan quienes la aman
> y ella se deja encontrar por quienes la buscan
> y se anticipa a darse a conocer a los que la desean.

El que madruga por ella no se fatigará,
Porque la hallará sentada a su puerta (6:12-14).

Estas líneas no son difíciles de leer cuando las considera línea por línea, pero necesitan espacio y tiempo para poder captarlas dentro de nuestro entendimiento, especialmente el principio de cada frase.

Es más difícil, si no es completamente comprensible, al oír por primera vez, el comienzo de la lectura del libro de Sabiduría para el XVI Domingo, Ciclo A:

No hay más Dios que tú, Señor, que cuidas de todas las cosas.
No hay nadie a quien tengas que rendirle cuentas (12:13).

Y continúa del mismo modo. Este es un texto difícil para el lector y para los oyentes, y sería posible, de antemano, dar un consejo corto para que los oyentes pongan toda su atención en la lectura. Pero el versículo final es muy bonito, un premio para los que perseveran con él:

Con todo esto has enseñado a tu pueblo
que el justo debe ser humano,
y has llenado a tus hijos de una dulce esperanza,
ya que al pecador le das tiempo para que se arrepienta (12:19).

Estos textos nos invitan a compartir la sabiduría de la tradición judía transmitida por más de dos mil años. Queremos leerlos de manera que los oyentes regresen por su cuenta a estos libros para instruirse más.

e. *El salmo responsorial*

Los salmos son una parte integral de la Liturgia de la Palabra, oraciones muy importantes en la vida de la Iglesia, y una conexión entre el pueblo judío y el pueblo cristiano, ligando estos dos ramos de la familia de Abraham. Los salmos hablan de las añoranzas del corazón humano y de las muchas maneras en que llegan a comunicarnos con el Dios que nos creó y que nos redimió. Un reporte que leí hace poco en la computadora narró del poder en marcha de estas oraciones. El día después del bombardeo de un autobús localizado en Jerusalén, el cual mató a diecisiete personas e hirió a sesenta personas más, encontraron a un joven leyendo los salmos en un refugio de autobuses al lado del lugar donde había ocurrido la explosión. Dijo él que creía que al recitar los salmos, podía parar la violencia. Señaló el Salmo 124 y leyó las líneas: "Si el Señor no hubiera estado de nuestra parte . . . cuando nos asaltaban los hombres, nos habrían tragado vivos ardiendo en cólera," pero lo que le dio la esperanza fue el versículo: "Bendito sea el Señor, que no nos entregó como presa a sus dientes."

El sacerdote, Gerard Sloyan, nos recuerda que los salmos son la lírica de canciones.[20] En la liturgia, los salmos, en general, deben ser cantados (LMIn, 20), como versículo y respuesta (el cantor canta el versículo y la comunidad, la respuesta) o directamente (el cantor o la comunidad canta el salmo completo sin respuesta después de cada verso). Cuando no está cantado, debe recordar que es una oración y, por eso, "ha de recitarse en la forma más adecuada para la meditación de la palabra de Dios" (LMIn, 22). Cuando son recitados o, en particular, cuando son cantados, los salmos exigen una articulación cuidadosa y un ritmo deliberado. Como en forma de poesía, atrayente a los sentidos por las imágenes tan ricas y el lenguaje rítmico, tienen el propósito de despertar los sentidos para alabar a Dios, deplorar nuestros fracasos, dar expresión a nuestras preguntas, declarar nuestras necesidades—aun permitiéndonos preguntarle a Dios, "¿Por qué me has abandonado?" Los salmos nos prestan palabras e imágenes para exclamar frente a Dios cuando sufrimos y cuando estamos alegres.

Hay dos características en particular de los salmos que llaman la atención del lector: el paralelismo y el ritmo. Como parte de la calidad estética de la poesía hebrea, ambas características tienen algo que ver con la acción del "volver." El paralelismo provee un regreso de pensamiento; el ritmo provee un regreso del estrés vocal o del golpe rítmico. Trataremos el paralelismo aquí, y el ritmo en la próxima sección. Se encuentra el paralelismo cuando dos líneas expresan el mismo pensamiento. El paralelismo *sinónimo* tiene el mismo pensamiento expresado en distintas palabras:

> ¿Adónde me alejaré de tu aliento?
> ¿adónde huiré de tu presencia? (Sal 139:7).

El paralelismo *antitético* repite un pensamiento pero de manera opuesta:

> Confía en el Señor de todo corazón
> y no te fíes de tu propia inteligencia; . . . (Pro 3:5).

El estar alerta al paralelismo en los salmos puede ayudarle al lector a reconocer cuáles son las frases que necesita agrupar para entender mejor el significado del salmo.

Los salmos son las expresiones más grandiosas del alma judía. En una reflexión sobre la oración, el rabino Herbert Bronstein, recientemente, citó al rabino de Kotsk. Éste había contestado a sus estudiantes cuando le preguntaron porqué él rezaba: "Yo rezo para recordarme que tengo alma."[21] Mientras el lector reza los salmos públicamente, él ayuda a la comunidad a tener conciencia de sus propias almas, no solo como individuos sino como comunidad que añora a su Dios como el ciervo anhela estar junto al arroyo. Y aunque pase por valles muy oscuros, todavía no va a temer nada. Añora a su Dios quien va a reunir a todos en su sagrada montaña donde no habrá lágrimas y donde van a ver la cara del Dios vivo.

Estos son los géneros principales o las formas literarias que los lectores van a encontrar, domingo tras domingo, en los días feriales y en muchos otros días; es decir, se pueden encontrar el relato, la carta, y la poesía en la palabra profética, la palabra de sabiduría, y el salmo. El lector eficaz toma en cuenta los requisitos específicos de cada texto, integrado como es en su contenido y su forma. Pero, además de los requisitos del texto, el lector tiene que responder a los requisitos o las exigencias de los oyentes. Vamos a discutir éstos ahora.

RECUÉRDEN QUE

- Para comunicar una obra de arte literaria "en su totalidad— intelectual, emocional y estética"—el lector tiene que comprometerse personalmente.

- El lector está encargado de ser un intérprete sagrado quien da su vida por el texto, muriendo a sí mismo, dando su cuerpo, su mente, su corazón y su espíritu para que el texto viva.

• Los lectores tratan con varios géneros literarios—el relato, la carta y el poema.

• Cada uno tiene sus propias demandas. Algunas sugerencias:

El relato: Si es solamente un pedazo corto, lea el relato en su totalidad. Observe: el movimiento del cuento y su punto culminante; el juego que existe entre el narrador y los personajes; las emociones de los personajes: el enojo, el dolor, el amor, los celos, la confusión, la maravilla, la sospecha. No deje que el miedo de exagerar le someta a una lectura desanimada.

La carta: Trate de aprender de las circunstancias o el fondo histórico de la carta: la audiencia, las relaciones que tenía Pablo con ellos y la situación que provocó la carta. Observe la densidad del pensamiento y del sentimiento que hay en la carta. Déles a los oyentes suficiente tiempo para entender los pensamientos complicados que muchas veces se encuentran presentes en las estructuras.

La poesía: Se encuentra en la literatura profética, la literatura de Sabiduría y en los salmos de las Escrituras. La poesía inspira tanto el corazón como la mente. Hay que estar susceptible a las imágenes y a los sentimientos que expresa la poesía. Los oráculos proféticos y la literatura de Sabiduría muchas veces están elegidos desde el punto de vista del evangelio del día, de modo que, el lector debe leer primero el evangelio. Escuche el ritmo del texto y busque el paralelismo de los salmos.

Los requisitos del oyente. Ante todo, la primera dificultad, de parte del lector, es entender el texto. Segundo, el lector tiene que asegurarse que el oyente lo entienda. Por esa razón, hay que fijarse en lo siguiente.

a. *La calidad de la voz hablante*

El sonido que emitimos al hablar puede colaborar o distraer a los oyentes cuando escuchan el mensaje. Algunos hablan de una manera nasal o gimoteada. En cuanto a esto, no hay ningún quejido bueno. Si descubre, cuando tiene cerradas las ventanas de la nariz, que casi no puede hablar, es totalmente posible que hable por la nariz. Debe ser capaz de tapar la nariz con las manos y todavía hablar en voz amplia—pruébelo. Otros hablan de la parte posterior de la garganta y tienen el sonido como si fueran al punto de hacer gárgaras. En ambos casos, la calidad vocal distrae del mensaje.

Hace años, estudié con un maestro magnífico, Clifford Jackson, que enseñó en la American Academy of Dramatic Arts ("Academia Americana de las artes dramáticas") por más de veinticinco años. Me presentó al método llamado "la metodología mascante," una técnica para relajar la garganta de modo que el sonido salga del cuerpo. Mientras masticamos un pedazo de pan, los estudiantes fueron animados a hacer unos sonidos sin sentido, utilizando una extensión de la voz bastante amplia, es decir, jugando con el sonido como lo hace un bebe cuando aprende a hablar, mientras guardamos flexiblemente la lengua y mantene-mos la mandíbula suelta. Aunque al principio me sentí un poco ridículo, descubrí que el propósito era ayudar a la voz a descansar dentro del cuerpo, en vez de quedarse en la parte posterior de la garganta, o en el pasaje nasal. Otro ejercicio útil es cantar las notas de la escala: do, re, mi, fa, sol, la, si, do. Luego, cantarlas otra vez pero parando en cada nota para cantar las palabras siguientes: ka, ke, ki, ko, ku. Jackson explicó que la consonante "k," pronunciada firmemente, separa los pliegues vocales y permite que el sonido salga del cuerpo en sentido más amplio.

Producir la voz amplia depende más que nada de la respiración profunda, es decir, desde el diafragma, en vez de la respiración superficial del pecho. Piense que el cuerpo es un instrumento resonante. Usted está trayendo el aire al cuerpo para alcanzar un sonido amplio, como hace con un clarinete o un oboe. No es tanto, una cuestión de proyectar o "echar" la voz hacia el punto más lejano, sino de atraer hacia uno aquellos quienes se encuentran lejos para poder compartir con ellos los pensamientos y sentimientos del texto.

El sonido de la voz también se relaciona con la postura. Si toma usted una postura desgarbada sobre el atril o si inclina la cabeza demasiado hacia el pecho mientras lee—lo cual puede suceder si el lector es alto o si el libro está en una posición baja del atril o simplemente si el texto está al pie de la página—es probable que vaya a cortar el sonido. Sería mejor tomar el libro y tenerlo a un nivel donde pueda leer fácilmente. Asegúrese que cuando lea esté de pie, parado y erguido, no rígido; hay que mantener el peso distribuido entre las dos piernas y no poner más peso en un pie que en el otro. Imagínese como un árbol, mandando sus raíces a la tierra.

b. *Una variedad vocal*

Un defecto común en la lectura pública es la monotonía, muchas veces causada por hablar con un tono monótono, es decir, el quedarse en una nota durante toda la lectura y solamente dejar caer la voz al fin de una frase o una alocución. De vez en cuando, esto empeora cuando el lector deja caer su voz en semitono así que da la impresión de la tristeza o cansancio. También puede leer en tono monótono cuando usa el mismo patrón de notas una y otra vez. Resulta que los oyentes se encuentran prestando atención más a la melodía que al significado de lo que está leyendo.

Una variedad vocal empieza cuando el lector tiene una idea de lo que es la capacidad de su voz. Hay que pensar en la voz como si fuera un instrumento musical. El alcance de la voz puede variar, pero la mayoría de los seres humanos tienen entre una octava y media a dos octavas de extensión. (Una octava es una escala de ocho notas. Cuando cantamos la escala—do, re, mi, fa, sol, la, si, do—nos extendemos una octava.) Tener una voz hablante de dos octavas es una extensión de dieciséis notas, sin contar semitonos adicionales. En la música, estos semitonos se llaman sostenidos o bemoles. En general, no usamos toda la extensión de nuestra escala vocal cuando hablamos; la mayoría de nosotros estamos contentos al usar solamente una extensión limitada cuando hablamos.

Tome en cuenta lo que pasa cuando estamos hablando por teléfono. La mayor parte del tiempo, la conversación está quieta y hecha de una manera íntima para no molestar a los demás. Nuestra voz se queda dentro de una extensión estrecha de unas pocas notas en la escala. Pero hay ocasiones cuando alguien nos molesta o nos sorprende. Entonces, ¿cómo reacciona su voz? Muchas veces, saltará a una escala alta y sigue su curso en el sonido de las vocales de las palabras, estirando una sílaba por varias notas. Piense cómo diría esta frase: "¡NO! ¡SIN DUDA, ME ESTAS TOMANDO EL PELO!" La gran actriz, Señora Edith Evans, ganó fama por su representación como Lady Bracknell en el drama de Oscar Wilde, *The Importance of Being Earnest*. En el tercer acto hay un momento cuando se revela que, como niño, el joven héroe fue encontrado dentro de una bolsa dejada en Paddington Station. Dicen que Evans utilizó cada nota posible en una extensión vocal de dos octavas para expresar su choque, su sorpresa, y su total incredulidad cuando dijo: "¿UNA BOLSA?"

c. *El ritmo*

No todas las palabras de una frase son iguales. Algunas sílabas están acentuadas mientras que otras, no. Fíjese en esta última frase. Si tuviéramos que marcarla con acentos vocales o sin ellos, aparecería así. (La raya indica las sílabas acentuadas, las no-acentuadas están indicadas por un puntillo.)

• — • —• • • • —• • — • — • —• —

Algunas sílabas están acentuadas mientras otras, no.

Si está leyéndola demasiado rápido, es posible que la marque así:

• • • • •• • • • • • • • • • •

Algunas sílabas están acentuadas mientras otras, no.

o si demasiado lento:

— — — ——— —— — — — — — —— —

Algunas sílabas están acentuadas mientras otras, no.

En los últimos dos ejemplos, es cuestión de no dar importancia a ninguna parte (• • • • •), corriendo por toda la frase rápido; o de arrastrar la frase y hacer que todas las partes sean igualmente importantes (———). También hacemos esto al pronunciar palabras como "un" o "el" dándoles demasiado acento vocalizado y cambiándolas de ser una sílaba no-acentuada a una sílaba acentuada.

Por ejemplo, en el anuncio, "El Evangelio según San Juan," la sílaba acentuada de la palabra principal es "ge" de "Evangelio"; por eso, hay que mover ligeramente sobre "El Evan . . . ."[22]

Una lectura efectiva puede ser planeada. La lectura se torna mucho más interesante cuando hay más interacción entre sílabas con mayor y menor énfasis. Es posible encontrar el ritmo en cada frase que pronunciamos pero esto es cierto especialmente en la poesía. La poesía de los salmos está caracterizada por cierto número de sílabas vocalizadas en cada verso, en general tres o cuatro. Diga en voz alta estas líneas del Salmo 96. ¿Puede sentir el ritmo de cada línea?

> / • • • / • / •   / •
> Canten al Señor un canto nuevo,

> / • • • / / • • / •
> canten al Señor toda la tierra.

> / • • • / • / • •   / •
> Canten al Señor, bendigan su nombre,

> • • • • / • / •   / • • / •
> su salvación anuncien día a día.

En cada línea se puede distinguir tres diferentes tonos cuando se leen en voz alta. Como en la poesía inglesa, esto no es una regla rígida; algunas veces va a tener solamente dos sílabas acentuadas o, en algunas situaciones, hasta cinco. La irregularidad aislada del número de sílabas acentuadas en cada línea provee la variedad y evita la monotonía. Los traductores han tratado de mantener el ritmo del hebreo original en el que estaban escritas las oraciones. Esta misma incorporación del ritmo se puede encontrar en muchas lecturas citadas en los libros de los profetas, y en otra literatura de Sabiduría también.

En la prosa, hay un ritmo diferente, más irregular. Pero, para aclarar el significado de una frase, es importante notar donde está la sílaba acentuada. Para comunicar bien el significado de las cartas de San Pablo y del Evangelio de San Juan, los lectores tienen que ser cuidadosos al poner el acento apropiado en la sílaba correcta, mientras mantienen, especialmente, las oposiciones y contrastes presentes en estas obras. Note usted las siguientes líneas del Evangelio según San Juan elegidas para el VI Domingo de la Pascua, Ciclo A:

> No los dejaré desamparados, sino que volveré a ustedes.
> Dentro de poco, el mundo no me verá más,
> pero ustedes sí me verán, porque yo permanezco vivo, y
>   ustedes también vivirán.
> En aquel día entenderán que yo estoy en mi Padre,
> ustedes en mí, y yo en ustedes (14:18-20).

La primera línea es bastante clara; da énfasis a lo que Cristo va a hacer, y a lo que no va a hacer. Solo necesita dar énfasis al "No" en la primera linea y al verbo, "volver," en la segunda parte:

> *No* los dejaré desamparados sino que *volveré* a ustedes.

Sin embargo, hay que considerar el contraste entre la segunda línea y la tercera:

> Dentro de poco, *el mundo no me verá más,*
> pero *ustedes sí me verán,* . . .

Luego, entendemos la razón:

> porque *yo* permanezco vivo, y *ustedes* también vivirán.

Por fin, tenemos la proclamación de relaciones mutuas que existen ahora:

> En aquel día entenderán que *yo* estoy en mi *Padre*
> *ustedes* en mí, y *yo* en ustedes.

Las demás palabras deben ser pronunciadas claramente, pero sin énfasis impropio. Preste atención, entonces, a los contrastes y las ideas opuestas. Esto le puede ayudar a los oyentes a entender el significado fácilmente.

d. *La entonación*

La entonación es la melodía que sostiene las palabras. Todas las lenguas tienen su propia melodía: el francés, el alemán, el sueco, el español, el ruso. El chino tiene muchos tonos y dependen de lo que quiere decir el orador; la misma palabra puede

tener varios significados. Hace años, dos maestras de voz co-
laboraron para escribir un manual que trata de la entonación
inglesa[23] basada en las dos melodías que caracterizan la lengua
inglesa cuando es hablada: la primera es una cadencia descendente en las sílabas acentuadas y que concluye con una caída
de la voz. (Otra vez, la raya indica las sílabas acentuadas, las no
acentuadas están indicadas por un punto. Incluí ejemplos de inglés y de español para subrayar las diferencias de entonación).
Si pudiéramos anotar esta cadencia, aparecería así:

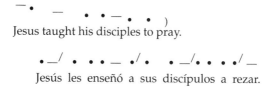

Thank you very much.   Muchas gracias.

Y ahora, una frase de las Escrituras:

Jesus taught his disciples to pray.

Jesús les enseñó a sus discípulos a rezar.

La segunda melodía es semejante a la primera: una serie descendente de palabras vocalizadas pero en la(s) sílaba(s) final(es),
hay una cadencia ascendente. El ejemplo más común de esto es
la siguiente locución:

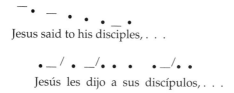

Once upon a time . . .   Había una vez . . .

O una frase de las Escrituras:

Jesus said to his disciples, . . .

Jesús les dijo a sus discípulos, . . .

La ascendencia al fin de la frase, en las palabras *time* y *disciples*, permite varias posibilidades. La posibilidad más obvia
es permitirle al lector una pausa para que sus oyentes puedan

absorber lo que ha dicho. Una cadencia ascendente también puede indicar que hay algo más, así inspirando a los oyentes que anticipen lo que va a decir el lector. Por fin, una cadencia ascendente puede indicar que hay algo dejado atrás. Considere la cadencia ascendente cuando hacemos una pregunta:

Is this not Jesus the son of Joseph?

¿No es éste el hijo de José?

Ahora trate de leer esa misma línea pero con una sencilla cadencia descendente. ¿Cuál es la diferencia? La cadencia descendente ofrece una sencilla pregunta. Pero cuando uno sube la voz al final de la frase, esto significa más que una sencilla pregunta; indica que requiere una respuesta de "sí" o "no." Alguien podría reaccionar con sorpresa o asombro, diciendo: "¡Increíble; no puedo creerlo!" u otra persona podría reaccionar con una observación como: "¿Y quién piensa que es él?"

Estas dos melodías básicas permiten un sinfín de variaciones vocales, debido a la habilidad del lector para usar su voz como un instrumento. Una secuencia de las frases puede ser convertida en una experiencia que inspira a los oyentes y los lleva desde el temor hasta la maravilla. Una diferencia en la primera nota de la primera sílaba acentuada puede permitir cambios muy sutiles que, luego, hacen posible una variedad al hablar. Las alocuciones más largas se pueden tratar de tal manera que la voz utilice la cadencia descendente en las sílabas acentuadas pero, luego, regresar, en un momento u otro, a una cadencia ascendente para evitar una descendencia demasiada grande antes de terminar la frase. Por ejemplo, en vez de descender en cada una de las cinco sílabas acentuadas de la frase tomada de San Juan 14:8 ("Señor, . . . muéstranos . . . Padre . . . eso . . . basta"), su voz sube otra vez en la palabra, *"eso"*:

Señor, muéstranos al Padre y eso nos basta.

La originalidad entra en cómo varían las dos melodías. Considere la línea siguiente de las palabras que dijo Jesús la noche antes de morir.

```
•  •  —/  •  — •  •  • —/•  •   • •
```
Y después de ir y prepararles un lugar,

```
•  •  —/• •  •  —/•  • /  —  •
```
volveré para tomarlos conmigo,

```
•   •    —  •  —  • —/
```
para que donde yo esté,

```
• —/   •   —/  • —  •
```
estén también ustedes (Jn 14:3).

Cada lectura invita al lector a crear una partitura musical para lo antes leído. Como ya lo mencioné, la monotonía sale de una expresión limitada, del ser un lector o lectora de una sola nota o del repetir los mismos patrones vocales una y otra vez. Con unas variaciones sutiles, según el significado y la emoción expresada en cada texto, las lecturas pueden ser proclamadas de manera nueva y con un nuevo enfoque.

e. *La dicción*[24]

La dicción clara, la articulación, la enunciación—todo está perdido a menos que haya buena dicción. El pronunciar las palabras con precisión y con claridad quiere decir dar suficiente tiempo a cada vocal y suficiente peso a cada consonante. Si es descuidado con las vocales, dando un tono corto o pronunciándolas incorrectamente (aquí los acentos regionales pueden ser problemáticos), no habrá comunicación entre usted y los oyentes porque ellos no van a entenderlo; si se descuida con las consonantes, el resultado va a ser un conjunto de palabras que los oyentes no van a entender. Considere la diferencia entre una "p", una "d", una "t", una "b" y una "v", todas pronunciadas en español con carácter menos explosivo que cuando se pronuncian en inglés. Hay libros que tienen ejercicios de pronunciación que pueden ayudarle. Aun los lectores expertos pueden averiguar el arte de su dicción. La manera más inmediata sería preguntarles a algunos de los oyentes si acaso tenían alguna dificultad en entenderlo.

f. *Medir el ritmo*

¿De qué se queja más la gente? "Ese lector lee demasiado rápido." Si quiere ser entendido, no se puede leer tan rápido como platica con amigos ni como habla por teléfono. Ante todo, el sonido tiene que alcanzar a los oyentes más alejados en la iglesia. Debe acostumbrarse el lector a mirar a la gente antes de empezar la lectura. Averigüe quién es la persona más alejada—quizás en el coro—y lea específicamente para esa persona. Tener conciencia de la gente que se encuentra más lejana también va a afectar su extensión vocal, el tipo de énfasis que va a dar a las palabras, su articulación—todo necesita ser más amplio, más grande.

No es solamente el espacio que determina el ritmo. El contenido de la lectura también demanda una variación para marcar el ritmo. Cuando Jesús dice, "En verdad les digo . . ." sabemos que va a decir algo muy importante. Un ritmo más lento le da más peso al mensaje. De vez en cuando, una lectura es tan corta que no va a impresionar a los oyentes si no disminuye la velocidad al leerla. Considere esta lectura del Apocalipsis de San Juan; es una selección opcional para una liturgia del difunto:

> Oí una voz celeste que decía: Escribe: Felices los que en adelante mueren fieles al Señor. Sí—dice el Espíritu—descansarán de sus fatigas porque sus obras los acompañan" (14:13).

¡Eso es todo; no hay más—solamente dos frases! Se acaban antes de uno darse de cuenta de lo que ha pasado. Pero, fíjese en el hecho de que hay tres voces o personajes en estas dos frases: el narrador (Juan), la voz del cielo, y el Espíritu. Ahora, usted puede darle a esta lectura el poder que merece mediante un ritmo cuidadosamente elegido, y así, permitiendo que cada voz tenga su momento.

Por contraste, hay esos momentos en un diálogo cuando el ritmo se acelera, como, por ejemplo, en el diálogo entre Jesús y Peter durante la Última Cena, leído el Jueves Santo:

Replica Pedro: -No me lavarás los pies jamás.
Le respondió Jesús: -Si no te lavo, no tienes nada que ver conmigo.
Le dice Simón Pedro: -Señor, si es así, no solo los pies,
sino las manos y la cabeza (Jn 13:6b-9).

La familiaridad puede llevarnos a leer demasiado rápido. Algunos lectores se acercan a los textos con la actitud de "haber oído esto tantas veces" y luego aceleran el ritmo debido a que es un texto muy bien conocido por ellos. Por otra parte, aunque hayamos escuchado un texto muchas veces, puede que esta vez el mismo texto le diga algo nuevo a alguien que esté presente, quizás por primera vez. Recuerde, también, que aunque usted haya preparado el texto—leyéndolo, estudiándolo, rezándolo—los oyentes, no lo han hecho. Es posible que no hayan escuchado esta lectura por tres años, y si fue leída mal en aquel entonces, o si la persona no puso atención a la lectura, han pasado seis años sin que la persona haya escuchado este texto. Así que, hay que acercarse a cada lectura como si se fuera a leer por primera vez. Debe darse a sí mismo el tiempo adecuado para absorber los pensamientos y sentimientos, para ver en su imaginación los eventos del relato, para permitir existir cualquier pregunta hecha dentro del texto, y para responder a las imágenes que revela el texto. Leer de prisa la lectura es una experiencia frustrante para el oyente. Y si el ritmo es muy rápido, la gente no va a poner atención.

Por otra parte, es posible leer demasiado lento. Entonces, una lectura se torna tediosa, aburrida y sin vida. Pero, esto es bastante raro. Repito, si tiene dudas acerca de su manera de leer, pregúntele a alguien para averiguar si es un lector de tiro rápido o un lector lánguido.

g. La pausa

Tenemos lectores que leen de la misma forma que manejan, con el mínimo de paradas a lo largo del viaje. Otros paran demasiado y causan que los oyentes pierdan la unidad de la lectura. El diseño actual del Leccionario es mucho mejor que las ediciones anteriores donde los lectores tenían que lidear con los párrafos. Las lecturas, presentadas en forma de líneas que aclaran el sentido de cada frase, no son solamente más fáciles para leer sin perderse en el texto, sino también, dan una idea de donde debe pararse en la lectura. Sin embargo, esto no es infalible. Aunque una línea se pare, eso no significa que el lector necesariamente se pare. El lector tiene que organizar las palabras, encadenándolas para formar una frase llena de pensamientos, lo cual puede diferenciarse de una línea que suena inteligente. Una frase de pensamientos mantiene unidas las palabras que necesitan estar juntas para llevar el significado de lo dicho. Por ejemplo, en esta primera lectura del profeta Jeremías—elegida para el XVI Domingo del Tiempo Ordinario, Ciclo B—no es necesario parar al fin de la primera línea sino continuar:

> ¡Ay de los pastores
> que dispersan y dejan perecer a las ovejas de mi rebaño!, dice el
> Señor (Jer 23:1).

Haga de las primeras dos líneas una sola frase llena de pensamientos, puesto que es cuestión de decir "Ay de los pastores—que—dispersan—y—dejan—perecer—al rebaño." Si Ud. para después de la palabra, "pastores," luego los oyentes tendrán que captar el texto completo, cuáles de los pastores, en particular, son los que reciben la maldición de Jeremias: "Ay. . . ." Esta misma dinámica ocurre en otras lecturas cuando hay una cláusula relativa, como "el que . . ." "el Señor que . . ." "Dios que . . ." Lo que queda de la frase completa la escena. Y solo falta una pausa mínima antes de decir, "dice el Señor."

Por otra parte, va a necesitar una pausa adicional en otras líneas de mucho peso, de infinito pensamiento, para permitir que las palabras importantes entren en los corazones de los oyentes. Por ejemplo, en una lectura leída frecuentemente de la primera Carta a los corintios, hay una serie de líneas de dos en dos que describen el amor:

> El amor es paciente, es servicial,
> [El amor] no es envidioso ni busca aparentar,
> no es orgulloso ni actúa con bajeza
> no busca su interés, no se irrita
> sino que deja atrás las ofensas y las perdona,
> nunca se alegra de lo injusto

y siempre se alegra de la verdad.
Todo lo aguanta, todo lo cree.
Todo lo espera, todo lo soporta.
El amor nunca terminará (13:4-8).

Hay que dar a cada uno de los atributos del amor lo que merece. Recuerde que en una lista tan larga como ésta, una lectura de calidad rápida puede tener utilidad decreciente en cuanto a la comprensión del oyente. Tómese su tiempo. Dé con cada pincelada una aplicación cuidadosa a este retrato de amor: "El amor es paciente . . . es servicial no es orgulloso . . . ni se infla . . . ni actúa con bajeza . . . no busca su propio interés . . . no se irrita . . . sino que deja atrás las ofensas y las perdona"—pero luego tiene una línea extendida que expresa un contraste—"nunca se alegra de lo injusto y siempre se alegra de la verdad." Un maestro muy querido mío, solía decirnos, "Deben leer siempre como si fuera la primera vez."

Finalmente, del mismo modo que tenemos que variar el énfasis que le damos a las palabras—a algunas palabras se les da más énfasis que a otras—así también hay que variar las pausas. Algunas pueden ser nada más que una vacilación proveyendo al lector igual que al oyente, la posibilidad de recobrar el aliento; otras son más considerables permitiendo un momento para pensar y meditar lo que acaban de oír. Siempre haga una pausa cuando la gente está sentándose después de la oración que precede a la liturgia de la Palabra. Deje que ellos se acomoden. Espere hasta que pare el susurro y el movimiento. Esto le da la oportunidad de mirar a los oyentes, haciendo el contacto inicial con ellos antes de hablar. Luego, después de anunciar de donde viene el texto, vuelva a hacer otra pausa. Lo más importante es hacer una pausa al final de la lectura antes de anunciar, "Palabra del Señor." Sugiero que cuente mentalmente: "1001, 1002, 1003," y luego decir: "Palabra del Señor." A no ser por eso, esta frase puede ser interpretada como parte de la lectura, en vez de ser una proclamación de fe exigiendo de la comunidad una respuesta. Y recuerde que aunque diga esta frase mil veces, trate de apreciar la importancia de estas palabras: la fe del lector está llamando a la fe de la comunidad: "Palabra de Dios." "Te alabamos Señor."

h. *Establecer contacto con los oyentes por medio de la mirada*

Un consejo frecuentemente ofrecido a los oradores públicos es que deben mirar a los oyentes durante la lectura. Es buen consejo para los lectores, aunque hay algunos matices distintos. Hace años, yo oí la expresión "contacto con las personas," en vez de "contacto con los ojos." Queremos que los oyentes sientan lo que estamos leyéndoles directamente; esto incluye un momento de verdadera conexión, de vez en cuando, no solo una mirada rápida del lector meneando la cabeza de arriba abajo, o un movimiento tan dramático como el del limpiabrisas, que no fija la vista en nadie, o un vistazo que sobrepasa las cabezas de los oyentes. Hay que cuidar no meterse en un movimiento mecánico: arriba y a la derecha, arriba y a la izquierda, a la derecha, a la izquierda, etc. Hay que darse el tiempo para mirar, sin saltar a la vista de varias personas sentadas en las diferentes secciones de la iglesia. Y no se olvide de los que están en el coro.

En ocasiones es propio ponerse en contacto con los oyentes, por ejemplo, al principio de la lectura cuando anuncia la cita bíblica, y al final, cuando proclama: "Palabra de Dios." También, al leer el salmo responsorial, en el momento de iniciar la respuesta de la congregación, puede ponerlos en juego con una mirada suya. Yo he visto a algunos lectores que han recurrido a un gesto ostensible, aun empujando el brazo en un movimiento dramático, indicando una respuesta. En el mejor de los casos, este gesto no es necesario; en el peor de los casos, el gesto puede parecer torpe o muy rígido. Use la voz, leyendo más despacio y empleando una fuerte cadencia final, de tal forma que prepare a la gente para dar una respuesta al fin de cada versículo.

Al leer, el lector puede echar una mirada a los oyentes localizados en ciertos lugares, pero en otros, no. Por ejemplo, es bastante obvio que va a hacer contacto cuando el texto trate no solo con la salvación de otros, sino con nuestra salvación. Cuando lee lo que escribió San Pablo a los tesalonicenses: "Estén siempre alegres, oren sin cesar," o cuando un narrador está dando información al principio o al fin de una historia, puede echar una mirada a toda la asamblea. Pero, cuando un personaje habla directamente a otro dentro de la historia, quizás evite lanzar una mirada directa a los oyentes para que no piensen que esas palabras están dirigidas a ellos sino que le pertenece a la narración. Esto se puede aplicar también cuando hable Jesús, especialmente cuando castiga a los fariseos o está disgustado con los apóstoles. Seguramente no va a querer mirar a nadie cuando Juan el Bautista está llamando a los fariseos, "una raza de víboras" (Lc 3:7) o cuando San Pablo está diciendo a los gálatas, "¡Gálatas insensatos!" (Gal 3:1).

i. *El equivocarse*

No hay duda que cometemos errores, aun después de habernos preparado. En este caso, ¿es mejor regresar y leer la frase correctamente, o continuar con la lectura? El anuncio de la Carta de San Pablo a los *filipinos* en vez de a los *filipenses,* o al leer la Pasión, decir que *Jesús,* en vez de *Judas,* salió y se ahorcó—¿qué debe hacer el lector? Quizás sería mejor continuar con las lecturas, dejando a los oyentes que hagan la corrección necesaria y obvia. Sin embargo, si hay un cambio *substancial* en el significado de la frase, un cambio que contradiga el significado del texto, o si es posible confundir o desconcertar completamente a la comunidad, sería mejor regresar y volver a leer lo que se ha leído mal. El lector que leyó: "lo que es mortal tiene que revestirse de lo *inmoral"* en vez de lo *"inmortal"* hizo bien en regresar y volver a leer la frase. No se ponga nervioso; una breve pausa seguida por una expresión pidiendo disculpas es suficiente; luego vuelva a repetir la frase correctamente. Sin embargo, tenga cuidado de no repetir la frase demasiado rápido—una tendencia que tenemos—suponiendo que la gente ya había escuchado la mayor parte de la frase, menos el error. Hay que dar el significado completo al pensamiento; léalo como si fuera la primera vez, en caso de que así sea.

Los requisitos del oyente son tan importantes como los de la misma Palabra de Dios. Usted puede tener un entendimiento profundo del texto que va a leer, pero si la gente no puede oírlo (lo cual es muy probable hoy día cuando va en aumento el número de gente que pierde la habilidad de oír más temprano que tarde), si la gente no puede distinguir lo que está diciendo a causa de la calidad de su voz, o un acento fuerte, o porque mascula, pronuncia mal o incorrectamente las palabras, o porque el ritmo es demasiado frenético o letárgico—como resultado, todo su entendimiento y amor hacia las Escrituras no se le va a poder entregar a los demás. Puede que necesite ser humilde y preguntarle a otra persona, "¿Me puedes entender cuando leo la Sagrada Escritura? ¿Hay algo que puedo hacer para mejorar mi lectura?" Sin embargo, el papel del lector es un rol, y para ser un buen sirviente en esta área vamos a darnos cuenta de que siempre será posible crecer y mejorar.

RECUÉRDEN QUE

Una lista de requisitos para la lectura que beneficie a los oyentes incluye:

- Calidad de voz: clara, natural y fuerte.

- Variedad vocal: una extensión de voz que evita la monotonía o patrones vocales que son demasiado repetitivos.

- Ritmo: el conocimiento de cuáles palabras se enfatizan y las que no se enfatizan; ciertas formas poéticas que marcan el ritmo de tres o cuatro por versículo.

- Entonación: hay dos o tres melodías básicas que marcan nuestras palabras y nos ayudan a darle variedad a la lectura pública.

- Dicción: la articulación bien clara de las consonantes y la enunciación de las vocales.

- Medir el paso: la provisión de una variedad para marcar el paso al leer, ni demasiado rápido ni demasiado lento.

- Pausa: el dar a los oyentes suficiente tiempo para comprender lo que se ha dicho.

- Contacto con las personas en vez de contacto con los ojos cuando sea propio al contexto.

- Corregir los errores cuando sea necesario para evitar la confusión o el mal entendimiento.

Los requisitos del espacio. El último elemento que influye o afecta la lectura de la Palabra de Dios es el espacio. Es obvio que los lectores experimentan distintas demandas cuando leen en

una catedral o en una capilla pequeña, cuando tienen un micrófono bueno o malo, cuando leen a una comunidad diversa—sea
los domingos, o durante una misa para niños, o en una resi-
dencia de ancianos donde algunos podrían tener problemas de
oír claramente. El espacio tiene sus propias demandas. Incluido
en "el espacio" está el escenario litúrgico: sea una misa, otra
celebración sacramental, o una ocasión especial donde se lee la
Palabra de Dios.

a. *La energía*

La energía es un factor relativo a la personalidad de cada individuo y en lo que se necesita para cumplir una tarea. Nosotros,
por naturaleza, tenemos diferentes niveles de energía. Cuando
leemos, el nivel de energía necesitado está determinado por una
combinación de factores. La lectura misma puede exigir cierta
cantidad de energía; compare el relato de Pentecostés, escrito
por San Lucas en los Hechos de los Apóstoles, con el que se
encuentra en el Evangelio según San Juan seleccionado para
el domingo de Pentecostés. Se necesitan distintos niveles de
energía. Además, parece que ciertas ocasiones demandan más
energía simplemente a causa de la comunidad presente, por
ejemplo, la misa de los niños o una misa especial para una familia. El espacio también determina la cantidad de energía re-
querida. Algunos lectores tienen un estilo íntimo que funciona
bien en un escenario pequeño pero no en un lugar grande
donde haya mucha gente. Será necesario amplificar el sonido.
Practique recordando el espacio en donde va a leer.

Nuestro nivel de energía incluye hasta qué punto nos com-
prometemos con algo y la percepción que damos en cuanto
a ese compromiso. Como se ha mencionado antes, no basta
emplear solamente la voz. Una lectura completa comprende
la cara, la piel, la mente, los sentimientos y la imaginación.
Puede usar un espejo para ver si su cara expresa lo que las palabras dicen. ¿Comunica su cara la proclamación: "Alégrense
en el Señor todo el tiempo. Les repito: alégrense" (Fil 4:4)? No
estoy sugiriendo que sonría extremadamente, pero repito: ¿refleja su cara las palabras que expresa? El compromiso de toda
la persona incluye poner en una balanza lo que es exagerado

y excesivo en una parte, y lo que es aburrido y sin animación en la otra.

Permita que el cuerpo participe. En el estudio del movimiento corporal, hay una diferencia expresada en las palabras *kinesiología* y *quinestesia*. La primera trata del estudio del movimiento del cuerpo relacionado al habla y trata de los gestos físicos y ostensibles que hacemos cuando hablamos, por ejemplo, cuando levantamos un brazo y gritamos, "¡Basta!" Aquí, experimentamos el cuerpo actuando. La quinestesia, sin embargo, se refiere a las sensaciones del movimiento corporal, la posición, y la tensión muscular. "La actividad kinestética es un aspecto tan importante para el arte de leer como para la vida diaria."[25] Un ejemplo sería imaginar que está arrastrando la uña sobre la pizarra. ¿Qué es lo que sientes en el cuerpo? Puede ayudar el practicar una lectura con gestos físicos, aun cuando no va a usarlos durante la proclamación pública de la Palabra. El cuerpo mismo, sin embargo, recuerda el gesto y responde; esto lo lleva a un compromiso más físico durante la lectura.

b. *Los micrófonos*

Hay que conocer el micrófono. Primero, asegúrese que está apuntado a su boca y no a la de la persona que leyó antes que usted. Los micrófonos difieren el uno del otro. Algunos son direccionales pero solamente en la dirección al frente. Con este tipo de micrófono, va a necesitar leer directamente hacia el micrófono. Otros le dan la oportunidad de mover la cabeza, a la izquierda o a la derecha y recogen los sonidos, cualquiera que sea su dirección; éstos son omni-direccionales. Los micrófonos varían también en calidad; algunos son muy sensibles; otros, metálicos; hay otros que requieren mucho cuidado con la dicción; otros exigen que sea muy cuidadoso con las vocales explosivas como la "p" y la "t". Más que nada, recuerde que el micrófono no va a hacer todo el trabajo. El uso de un micrófono no significa que puede leer en su tono normal y que esto va a ser suficiente. Los micrófonos no son mágicos; no pueden transformar un sonido débil a uno que es audible, claro o inteligible. Hay que pensar en el micrófono como un colaborador, ayudándole a amplificar su energía y sus cualidades.

c. *La ansiedad*

"¿Nunca voy a superar los nervios?" es una pregunta común de principiantes. Quizás va a superarlos. Sin embargo, el superarlos puede perjudicarle. Un poco de ansiedad puede ayudarle, teniéndolo alerta y comprometido. La adrenalina sube porque está alerta a la importancia de lo que hace. Está proclamando la Palabra de Dios y un caso reverencial de nervios no está fuera de lo normal. Muchas veces, la ansiedad se disminuye al leer más, o después de acostumbrarse a la comunidad y desenvolverse con la confianza de poder leer bien.

Enfrentado con una ansiedad excepcional, puede preguntarse: ¿Qué está poniéndome tan nervioso? ¿En dónde tengo mi enfoque? ¿Estoy preocupado por lo que la gente piense de mí, o cómo van a evaluarme? ¿Van a quererme? Aquí puede ayudarle la concentración. Recuerdo cuando Katharine Hepburn apareció en el programa de Dick Cavett, ya hace años. Refiriéndose a Spencer Tracy, y la razón por la cual fue tan buen actor, ella dijo, "Fue la concentración, la concentración, la concentración. La concentración de él fue pura. Podría haber estado hablando contigo un momento, pero en el momento en que salieron las cámaras, estuvo completamente posesionado del personaje característico. Tenía un gran don para la concentración." Luego, dijo ella de sí misma, "He encontrado que si la materia fue maravillosa . . . y si verdaderamente me he concentrado, y además podía realmente hablar las palabras y en verdad— la verdad de la mente igual que la del corazón—yo tenía éxito para darle una escena a la audiencia; y si ellos estaban concentrados también, la recibieron. Si la verdad sale del corazón y si penetra a los corazones de los oyentes, ellos dirán, 'Ay, yo entiendo lo que quiere decir.'" Tiene que concentrarse en el texto como un escudo contra la ansiedad, quitando el enfoque de uno mismo.

Antes de empezar a leer, hay algunos ejercicios que le pueden ayudar a relajarse; por ejemplo, respire despacio desde el diafragma. Ponga la mano sobre el estómago; debe expandirse al aspirar y contraerse al exhalar. Y, por supuesto, está la oración. Establézcase dentro de la presencia de Dios quien lo ha llamado a proclamarle a su propio pueblo, la viva Palabra de Dios. Pídale al Espíritu Santo que llene su corazón y que ilumine su mente, dándole el ánimo y la paz interior.

d. *Familiaridad con la lectura*

Otra manera de combatir los nervios es estando bien familiarizado con la lectura. Léala en voz alta durante la semana antes de leerla públicamente. Estar cómodo con el lenguaje del texto, con los cambios emocionales o la estructura del relato; el tomar decisiones en cuanto a las pausas y cuando va a lanzar una mirada—todo eso no solo lo lleva a uno a un nivel de confianza sino que le permite al lector la libertad de levantar los ojos del texto sin perderse. Algunos lectores y ministros se memorizan el texto y así lo presentan. Esto puede salir como algo ostentoso, y de vez en cuando, me pregunto si los oyentes ponen más atención al lector—si va a salir bien o no—que a la Palabra que proclama. Al fin y al cabo, no debe ser ni más ni menos que "Esta es una lectura de . . ." y no, "es una ejecución de fulano de tal. . . ." A pesar de lo que he dicho, si ha sido bendecido con una buena memoria, el memorizar una selección puede ayudarlo a hacerla suya mientras se la presenta a la comunidad.

e. *El lenguaje de la liturgia*

En su *Guide for Lectors*, Aelred Rosser, O.S.B., comenta que "el lenguaje ritual es más formativo que informativo, se preocupa más con 'el hacer' que con 'el decir.'"[26] Ese tipo de lenguaje influye en maneras muy profundas, formando no solo nuestras actitudes y valores sino proveyendo las imágenes dominantes de Dios, del Pueblo de Dios, y del individuo como hijo de Dios en Cristo. Cuando uno escucha solamente el pronombre masculino en los textos bíblicos, sea aplicado a Dios o a los seres humanos, esto inevitablemente impacta o afecta a los oyentes, formándonos en cómo pensar sobre Dios y haciéndonos sentir incluidos o excluidos como recipientes de la Palabra de Dios.

Otra pregunta, especialmente después de la revisión más reciente del *Leccionario para la Misa,* trata de si el lector, en algunos casos, puede cambiar el lenguaje del texto del leccionario haciéndolo más inclusivo; por ejemplo, en vez de decir "él" ¿puede cambiarlo a "Ud." o a "ellas" o bien, otra formulación que incluiría a las mujeres igual que a los hombres? Solo puede buscar una razón por la cual decidieron continuar el uso del lenguaje exclusivo cuando había otra posibilidad, como fue ejemplificado

en el *New Revised Standard Version* de la Biblia. De hecho, la traducción corriente de los Salmos en el *Leccionario para la Misa* es,
con frecuencia, más exclusiva que la del Leccionario publicado
en 1969. Los lectores y los que proclaman el evangelio reciben
textos como los siguientes:

> Dichoso quien no acude a la reunión de los malvados . . .
> (Sal 1:1).

> Jesús les dijo: "Vengan conmigo y los haré pescadores de hom-
> bres" (Mc 1:17).

> Quien recibe y cumple mis mandamientos, ése sí que me ama. Y
> el que me ama será amado por mi Padre, y yo lo amaré y me
> manifestaré a él (Jn 14:21).

Y así continúa sin parar por todo el Leccionario. En tanto que
sería irresponsable animar a un lector que libremente cambie
tales textos, solo se puede esperar a que otra revisión tome en
cuenta los cambios necesarios, lo más pronto posible. Mientras
tanto, hay que consultar con los oficiales diocesanos encargados de la liturgia para recibir algunas recomendaciones sobre el
uso de lenguaje bíblico y litúrgico, que incluiría a las mujeres, la
otra mitad de los que asisten a la misa. La liturgia de la comunidad debe reflejar la sabiduría de la comunidad.

f. *La vestidura y el adorno*

La vestidura debe ser apropiada al lugar y contexto. La Or-
denación General del Misal Romano observa: "En las diócesis de
los Estados Unidos de América, acólitos, monaguillos, lectores
y otros ministros laicos pueden vestirse con el alba u otra vestidura adecuada u otra que sea digna y apropiada" (339). Nada
debe distraer ni llamar la atención a causa de ser impropio o
demasiado costoso. Si uno no está leyendo durante el picnic
parroquiano, la vestidura debe manifestar una conciencia de
que éste es un espacio sagrado y que usted está empeñado en
una acción sagrada. No se vista con ropa de playa, ni ropa de-
portiva, ni con ropa de fiesta de cóctel. Tampoco es usted car-
telera para anunciar ni Nike, ni un equipo de béisbol; trate de
evitar camisetas con lemas publicitarios. La única palabra en

que los oyentes deben enfocarse es la Palabra de Dios. Usted no debe relucir ni centellear. Deje las joyas para la próxima fiesta; vístase apropiadamente; está leyendo la Palabra de Dios al pueblo de Dios.

g. *Los símbolos*

La liturgia es bien rica en cuanto a los símbolos. Los símbolos primarios de la Liturgia de la Palabra son los libros que contienen las lecturas, y el ambón donde tienen lugar las lecturas. "En la celebración de la Misa con el pueblo proclámense siempre las lecturas desde el ambón" (LMIn, 16). Este ambón debe ser "un lugar elevado, fijo, adecuadamente dispuesto y con la debida nobleza" (32). Este reservado para las lecturas, el salmo responsorial, la homilía y las oraciones de los fieles; además, se canta el "pregón pascual" aquí durante la Vigilia de la Pascua. Puesto que el ambón sirve como la mesa de la Palabra, merece respeto. Su manera de acercarse debe reflejar que está aproximándose a un lugar sagrado.

Los libros que contienen las lecturas "hacen recordar a los fieles la presencia de Dios, que habla a su pueblo. Por tanto, hay que procurar que los libros mismos, que son signos y símbolos de las realidades del ciclo en la acción litúrgica, sean verdaderamente dignos, decorosos y bellos" (35). El lector tiene una relación especial con estos libros. No debe tratarlos como si fueran apoyos o sostenes sino tratarlos respetuosamente como merecen, siendo ellos señales de la presencia de Dios entre nosotros mediante su Palabra. El Leccionario debe ser usado siempre para leer, no como un misal o una carpeta. Eso sería como si usara un platillo de plástico o una taza esponjosa para la Eucaristía. El *Libro de los Evangelios* debe recibir honor especial; hay que llevarlo en procesión con gran reverencia y ponerlo en el altar, de donde, más tarde, van a recogerlo y llevarlo al ambón para la lectura del evangelio. Se puede incluir el uso del incienso también como una expresión más de nuestra reverencia hacia la Palabra de Dios. Pero tenga cuidado del intercambio del *Libro del los Evangelios* con el *Leccionario,* que también merece el respeto y el honor. Debe ser bien claro quién toma el *Leccionario* y dónde lo pone.

h. *La llegada temprana a la iglesia*

Una recomendación final es que debe llegar temprano, por lo menos, quince minutos antes del principio de la liturgia. Asegúrese que el libro esté en la página correcta, con la cinta en su lugar. El tratar de buscar la lectura, cuando la cinta haya sido movida o haya desaparecido, puede ser una experiencia inolvidable; el tiempo y su habilidad le parecerán haber parado mientras trata de localizar la propia lectura. Además, hay algunas solemnidades, fiestas y ocasiones especiales, cuando el Leccionario ofrece varias selecciones (como por ejemplo, las segundas lecturas para la Pascua y para el Pentecostés, o las lecturas para ciertas fiestas de los santos, o en una ocasión de un ungimiento). Si no se clarifica esto de antemano, puede encontrarse con una lectura que no ha practicado.

RECUÉRDEN QUE

Tanto el texto como los oyentes, así como el espacio en donde se celebra la liturgia tienen sus propias demandas. El lector debe poner atención a lo siguiente:

• El nivel de su energía debe ser apropiado al espacio en donde lee.

• Conozca bien el micrófono; usted y el micrófono son colaboradores.

• La ansiedad no está siempre mal; la concentración puede proteger contra los nervios.

• La familiaridad con la lectura puede ayudarle a estar cómodo con el ambiente.

• El lenguaje de la traducción puede ser problemático; quédese alerta a los cambios en cuanto al uso de la lengua.

• La vestidura y el adorno pueden distraer; el vestir con sobriedad propicia ayuda que los oyentes le pongan atención a la Palabra.

• El ambón y los libros, ambos, son señales de la presencia de Dios y así, merecen respeto.

- Llegar temprano a la sacristía le puede ayudar a evitar problemas al leer del Leccionario.

Desde la habilidad hacia el arte: Cuatro sugerencias

Todos nosotros tenemos la tendencia de llegar a una altiplanicie en cualquier tentativa que nos propongamos, especialmente lo que desempeña nuestras habilidades artísticas: el baile, el canto, el teatro, el tocar un instrumento—y ser lector. Una habilidad progresa hacia ser arte con el pasar del tiempo y la práctica. Para llegar a esta meta tengo cuatro sugerencias:

a. **Buscar información y apoyo para realizar su papel.** La práctica no produce la perfección, necesariamente; de vez en cuando, solo hace permanente lo que repetimos. Hay que pedir apoyo. La familia y los amigos, muchas veces, pueden hacer algunas sugerencias buenas, si saben que usted va a estar bien dispuesto para recibirlas. Pero, si le dan sugerencias, no debe discutir con ellos, defendiéndose en su respuesta; solamente hay que agradecerles y pensar en lo que le han dicho. También el hablar con otro lector puede ayudarle mucho, especialmente si es uno que ha logrado alcanzar un nivel de lectura muy satisfactoria. Reuniéndose con los otros lectores designados para el mismo domingo que usted para rezar, discutir y practicar, antes de la liturgia ese domingo, puede proveer la oportunidad de recibir sugerencias; además le ayuda a desarrollar el sentido de ser parte de la misma comunidad de personas compartiendo el mismo papel dentro de la iglesia. Otra posibilidad sería examinar un video que se haya sacado durante la misma liturgia.

b. **Asistir a talleres.** Deben ocurrir talleres para lectores regularmente. Estos le pueden ayudar a prepararse especialmente para las temporadas próximas del Adviento y la Navidad, la Cuaresma y la Pascua, y el Tiempo Ordinario. Un taller, antes de cada temporada, puede proveer información sobre las lecturas futuras, y posiblemente dar la oportunidad de grabar ciertas lecturas. No hay sustituto para una cámara de video para ver lo que se hace y no se hace. Se le puede decir a una persona algunas cosas muchas veces, pero solamente, si lo vemos en el video, nos damos cuenta de lo que verdaderamente estamos haciendo. "Estoy leyendo mucho más rápido de lo que pensaba," es una de las reacciones más frecuentes, igual que "Pensé que lo leía con mucho más ánimo que eso."

c. Escuchar a otros buenos lectores. Durante el año pasado, escuché algunos libros maravillosos por cinta. La lectura de Jim Dale de la serie llamada *Harry Potter,* escrita por J. K. Rowling, es una maravilla; en el último libro, crea unos 130 personajes. Aunque no sugiero que imite voces mientras lee las Escrituras como lo hace ese lector, de todas formas, puede escuchar la variedad de voz, tono, paso, ritmo y otras calidades esenciales para leer bien. También me gustó la lectura de Ed Herrmann del premiado estudio histórico, *John Adams,* escrito por David McCullough. Y recientemente, fue nombrada para recibir un premio, la actriz Joan Allen por su lectura de la novela, *Unless,* escrita por Carol Shield.

d. Conviértase en un amante de la Sagrada Escritura. Más importante que nada, hay que conocer íntimamente el libro que va a leer. Que se dedique no solamente al Leccionario sino también a la Biblia. El Padre Gerard Sloyan escribe: "El lector capacitado es la persona que lee la Biblia mucho y privadamente. Su conocimiento íntimo de ella y su entusiasmo por ella es contagioso."[27] Trate de leer los libros completos de la Biblia, no solamente un retazo, aquí y allá. Dios lo ha llamado para ser el instrumento por quien la Palabra de Dios vive. De modo que, viva usted la Palabra de Dios; encuentre su casa en ella; rece mediante la Palabra igual que por la Palabra. Hay muchos comentarios que pueden servirle para desarrollar su entendimiento, y además, su emoción al leerlos. Al final de este libro, se pueden encontrar otros recursos.

Una Palabra Final

"La gente lee para saber que no están solos."

La Palabra de Dios, proclamada cada vez que se reúne la comunidad de fe para adorar al Señor, cumple esta idea de una manera muy profunda. Cuando se lee la Palabra de Dios, empezamos a entender que no estamos solos. La Palabra de Dios comunica presencia, la humana y la divina. Esa Palabra hace el esfuerzo de unir a los oyentes en una comunión que encadena a todos los que escuchan en ese momento, el uno con el otro, y con los autores, conocidos o no, cuyas palabras continúan siendo leídas en voz alta, año tras año; también incluye a todos los que forman esa gran multitud de creyentes quienes, por generaciones incontables, han escuchado estas palabras en su propio día y quienes han sido nutridos y sostenidos por ellas. Pero, más que nada, estas palabras entregadas a nosotros ahora, nos encadenan otra vez a Dios quien es el origen de estas palabras, quien ha hablado "en el pasado muchas veces y de muchas formas," pero quien "en esta etapa final nos ha hablado por medio de su hijo, a quien nombró heredero de todo, y por, quien creó el universo. El es reflejo de su gloria, la imagen misma de lo que Dios es, y mantiene el universo con su Palabra poderosa" (Heb 1:1-3). De modo que, cuando escuchamos la Palabra de Dios y la aceptamos creyéndola, de verdad, no estamos solos.

Como lectores, entonces, hemos recibido la labor improbable de expresar lo inexpresable: el amor insondable y actual para la creación, el plan en marcha hacia la redención y la salvación de todo el mundo, la labor de Dios que va hacia delante para santificar a todos los que han sido creados con la imagen di-

71

vina. Desde el principio Dios ha llamado a otros para ayudarle a cumplir esta tarea, y Dios continúa su obra con los esfuerzos de todos los hijos de varias tradiciones de fe, pero especialmente de los adoptados como hijos e hijas mediante el agua y el Espíritu, y quienes se reúnen para compartir el pan y el cáliz del Señor crucificado y resucitado, nuestro Señor Jesucristo. Para que este gran acto de culto sea hecho con fe hay las mujeres y los hombres designados como lectores, que participan en esa línea tan larga de profetas—Moisés y Miriam, Isaías y Hulda, Jeremías, Ezequiel, Daniel, Ana y Simeón, María de Nazaret, Pedro y Pablo, el discípulo querido y María Magdalena—por quienes la Palabra de Dios le fue comunicada al pueblo a quien Dios ha elegido de una manera especial para hacerlos su pueblo en particular. La realización de este plan queda bajo nuestra responsabilidad. De modo que, mis amigos, "la palabra de Cristo habite en ustedes con toda su riqueza . . ." (Col 3:16).

El *Libro de bendiciones* provee una bendición a los lectores que se puede hacer durante la Misa. Es distinta de la instituida para los lectores por el obispo. Esta bendición es para los lectores parroquiales quienes tienen la responsabilidad de proclamar las Escrituras durante la Misa o durante otras ceremonias litúrgicas y debe ser dada por el párroco o su delegado. Toma lugar después de la Liturgia de la Palabra. Voy a concluir este libro, entonces, con esta oración de bendición:

> Dios Padre eterno,
> cuando tu Hijo leyó en la sinagoga de Nazaret,
> él proclamó la Buena Nueva de la salvación
> por la cual iba a dar su vida.
> Bendice a estos lectores.
> Mientras proclamen tus palabras de vida,
> fortalece su fe
> para que puedan leer con convicción y audacia,
> y pongan en práctica lo que leen. Te lo pedimos por Cristo,
>   nuestro Señor. Amén.

Notas / Referencias

[1] *Institución General del Misal Romano* (3a edición típica) México, D.F.: Comisión Episcopal de Pastoral Litúrgica de México, Obra Nacional de la Buena Prensa, 2003.

[2] *Ritual Completo de los Sacramentos: Textos Litúrgicos Oficiales aprobados para México*, México, D.F.: Pedro I Rovalo, S.J. y equipo de la Comisión Episcopal de Liturgia, Obra Nacional de la Buena Prensa, 1976.

[3] Todas las citas relacionadas con el Segundo Concilio Vaticano se encuentran en el texto, http://www.archimadrid.es/princi/princip/otros/docum/magigle/vaticano/vati.htm.

[4] Ann Sexton, "Words," *The Awful Rowing Towards God* (Boston: Houghton Mifflin, 1975) 71.

[5] Tom Stoppard, *The Real Thing* (London: Faber and Faber, 1983) 54.

[6] Justin Martyr, The First Apology, ch. 67, *Writings of St. Justin Martyr*, trans. Thomas B. Falls (New York: Christian Heritage, 1948) 106–07.

[7] Perry H. Biddle, Jr., "Preaching the Lectionary," en *The New Dictionary of Sacramental Worship*, ed., Peter E. Fink, S.J. (Collegeville: Liturgical Press, 1990) 979.

[8] Citada por Kate Dooley en *To Listen and Tell: Introduction to the Lectionary for Masses with Children. With Commentary by Kate Dooley* (Washington, D.C.: Pastoral Press, 1993) 31.

[9] Martin Connell, *Guide to the Revised Lectionary* (Chicago: Liturgy Training Publications, 1998) 5.

[10] Ibid., 12–13.

[11] Favor de notar que en el momento, el Leccionario mexicano está aprobado para uso en los Estados Unidos. El Leccionario en inglés de los Estados Unidos tiene cuatro tomos. En el momento se está preparando un Leccionario que refleje el formato estadounidense en español para uso en los Estados Unidos. Hemos usado los Tomos I, II y III.

[12] Don Oldenburg, "Now Hear This & Pay Attention!" *The Washington Post* (February 20, 2001) C4.

[13] St. Augustine, *The Confessions of St. Augustine, Books I–X*, trans F. J. Sheed (New York: Sheed and Ward, 1942) 89.

[14] Michael Downey, *Trappist: Living in the Land of Desire* (New York: Paulist, 1997) 90.

[15] Charlotte Lee, *Oral Interpretation,* cuarta edición (Boston: Houghton-Mifflin Co., 1971) 2.

[16] Wallace Bacon, *The Art of Interpretation* (New York: Holt, Rinehart, and Winston, 1972) 232–39.

[17] Ibid., 34.

[18] Alla Bozarth-Campbell, *The Word's Body: An Incarnational Aesthetic of Interpretation* (Tuscaloosa, AL: University of Alabama Press, 1979) 20.

[19] Walter Brueggemann, *Genesis* (Atlanta: John Knox Press, 1982) 40–54.

[20] Sloyan, 122.

[21] Rabbi Herbert Bronstein, Helen Cahill, O.P., y Syafa'atun Elmirzana, "Prayer in the Abrahamic Faiths," *New Theology Review* (August 2003) 23.

[22] Yo adapté el texto para hacerlo inteligible a la lengua española.

[23] Lilias E. Armstrong y Ida C. Ward, *A Handbook of English Intonation* (Cambridge: W. Heffer & Sons, 1963).

[24] Otra vez, adapté el contenido de esta parte a la lengua española.

[25] Bacon, 11.

[26] Aelred Rosser, O.S.B., *Guide for Lectors* (Chicago: Liturgy Training Publications, 1998) 37.

[27] Sloyan, 119.

Recursos Anotados

A. Para profundizar el entendimiento de las lecturas bíblicas

Bergant, Dianne, con Richard Fragomeni. *Preaching the New Lectionary, Year A, B, C.* Collegeville: Liturgical Press, 1999, 2000, 2001.

Estos tres volúmenes ofrecen comentarios sobre las lecturas para los domingos y las fiestas principales del año en particular (A, B, C); identifican los temas múltiples que encadenan las lecturas y proveen una vista panorámica de las temporadas litúrgicas y la relación que tienen las lecturas sobre un período de tiempo.

The Collegeville Bible Commentary (está basado en The New American Bible con la parte del Nuevo Testamento revisado). Los editores generales son Dianne Bergant y Robert J. Karris. Collegeville: Liturgical Press, 1989.

Este recurso incluye las corrientes investigaciones bíblicas: literarias, históricas y teológicas.

Collegeville Pastoral Dictionary of Biblical Theology. Collegeville: Liturgical Press, 1996.

Este libro contiene más de 500 entradas y provee a los lectores la oportunidad de profundizar su entendimiento de la Biblia.

Days of the Lord, the Liturgical Year. 7 volúmenes. Collegeville: Liturgical Press, 1991–1994.

Una serie en siete volúmenes que contiene comentarios sobre todas las lecturas de los domingos y los días principales del año.

Pilch, John. *The Cultural Dictionary of the Bible.* Collegeville: Liturgical Press, 1999. También de interés son los siguientes: *The Cultural World of the Gospels, A, B, C; The Cultural World of the Apostles, A, B, C;* y *The Cultural World of the Prophets, A, B, C.*

Las obras de John Pilch ofrecen un entendimiento y una apreciación de las costumbres, actitudes y valores culturales que son la base del mundo bíblico.

B. Para ayudar a proclamar las lecturas

Staubacher, Joseph M. *Lector's Guide to Biblical Pronunciation, Updated.* Huntington, IN: Our Sunday Visitor Publishing Division, 2001.

Un libro útil que provee no solo una lista alfabetizada de nombres, lugares y cosas que pueden ser difíciles para el lector, sino también una guía, domingo tras domingo.

Workbook for Lectors and Gospel Readers. Chicago: Liturgy Training Publications, publicación anual.

Una publicación anual que ofrece comentarios breves, señales y sugerencias en cuanto al énfasis y a las pausas para todas las lecturas dominicales.

Zimmermann, Joyce Ann, Thomas A. Greisen, Kathleen Harmon, S.N.D. de N., y Thomas L. Leclerc, M.S., *Living Light: Spirituality, Celebration, and Catechesis for Sundays and Solemnities.* Collegeville: Liturgical Press, publicación anual.

Este libro fue concebido para conectar la vida y la liturgia; el equipo de autores hace un esfuerzo de ofrecerle al lector ayuda útil para su preparación espiritual.

C. Para mejor apreciar la Liturgia de la Palabra

Power, David N. *The Word of the Lord, Liturgy's Use of Scripture.* Maryknoll, NY: Orbis, 2001.

Una obra corta "para todos los que luchan responsablemente para interpretar la Palabra" escrita por uno de los notables teólogos litúrgicos contemporáneos para ayudar a los lectores a apreciar cómo los textos bíblicos ayudan a los oyentes en oír el evangelio de Cristo.

West, Fritz. *Scripture and Memory, The Ecumenical Hermeneutic of the Three-Year Lectionary.* Collegeville: Liturgical Press, 1997.

Un estudio de los leccionarios (Años A, B, C) empleados por las iglesias católicas y protestantes como resultado del mandato del Segundo Concilio Vaticano de ofrecer una selección más rica de textos bíblicos para el culto. El autor subraya las diferencias importantes entre el *Leccionario para la Misa,* utilizado por los católicos y el *Revised Common Lectionary,* utilizado por muchas iglesias protestantes.